住まいの絵本にみる子ども部屋

―自律をうながす空間の使い方―

北浦かほる

井上書院

はじめに

　ゼミの雑談で，高校生の弟がまだ両親と川の字で寝ていると言っていた学生があり，そのことがずっと気になっていました。

　現代の親子同室就寝を調べてみると，学齢前では9割以上と圧倒的に多く，小学生は約7割，中学生約3割，高校生でもまだ1割程度ありました。学生時代に住宅の近代化の3原則として，食寝分離，公私室分離，就寝分離（親子）を学んだことを思い起こすと，時代の変化を感じずにはおられません。

　川の字就寝への逆行は，現代の日本の母子関係を象徴していると言えます。若いお母さん達は川の字就寝に抵抗がなく，むしろ緊密な親子のコミュニケーションのあかし，と捉えているようです。小学生になっても親の目の届く食卓やリビングで勉強させ，そこが居場所になり，子ども部屋は使われていません。日本の親子密着関係は終わりが見えず，社会的に習慣化してしまい，異常と感じられなくなっています。若いお母さん達は親子の愛着が強く，子どものすべてを把握しているという安心感を求めています。

　欧米の調査では，親は自己主張や自律心を養うことを重視して，幼い時からひとりで寝かせていました。

　そんなとき見つけたのが，絵本に描かれている欧米の幼児の子ども部屋でした。もう16，17年程前ですが，修士論文のテーマとして取り上げたのがきっかけです。それまでのプライバシーや子ども部屋の研究結果を表すような内容の絵や文が描かれており，すっかり住まいの絵本にはまってしまいました。

　住まいの絵本の魅力は，「子ども部屋で，ひとりになって考える場所や時間をもつことの重要性」をやさしく伝えてくれていることです。子ども達が成長する上で，親や友達など多くの人とのコミュニケーションが不可欠であるのと同じように，子どもがひとりになって考えごとをする場所や時間が大切であるということを，一般の人々に理解してもらうことはなかなか難しいのです。

　住まいの絵本を通してなら，子どもの自律に向けた，子ども部屋という空間の役割や使い方をやさしく，正確に，伝えることができると思いました。

　子育て環境がさまざまな意味で厳しくなる中で，子育てに悩んでいる多くの親達をはじめとして，子どもや空間を学んでいる学生達，そして住文化や環境心理に興味のある一般の人々にも，住まいの絵本を通して，子ども部屋という空間の意味や使い方などを理解してもらい，今まで広く流布している，子ども部屋悪玉論の誤解を解いていきたい，というのがこの本を出版した目的です。

　　　　　　　　　　　　　　　　　　　　　　2014年3月　　北浦かほる

> # 住まいの絵本にみる子ども部屋——目次

    はじめに …………………………………………………………………… 3

1. 子どもと子ども部屋の起源

1.1 欧米の子ども部屋 ………………………………………………… 8
1.2 日本の子ども部屋 ………………………………………………… 10
1.3 子どもの寝室と勉強部屋 ………………………………………… 13

2. 子ども部屋の機能と役割

2.1 子どもの精神面の成長をうながす場として ……………………… 18
 （1）自律とは ………………………………………………………… 18
 （2）プライバシーの概念 …………………………………………… 19
2.2 親子のコミュニケーションの場として …………………………… 23
 （1）2者間のコミュニケーションの種類 ………………………… 24
 （2）成長によるコミュニケーションの質的変化 ………………… 25
 （3）コミュニケーションを子ども部屋で ………………………… 28
2.3 親の養育態度を実践する場として ………………………………… 29
 （1）空間の影響力とは ……………………………………………… 29
 （2）子ども部屋という道具の使い方とその意図 ………………… 31
 （3）アメリカの親の養育態度の特徴 ……………………………… 32

3. 住まいの絵本にみる幼児期の子ども部屋の使われ方

3.1 自律を育む場として ………………………………………………… 39
 （A）考えごとをする ………………………………………………… 40
 （A'）日本の住まいの絵本では，考えごとをする場は …………… 44
 （B）空間への接近のコントロール ………………………………… 50
 （C）行動の選択 ……………………………………………………… 53
 （D）狭義のプライバシー …………………………………………… 57

3.2 コミュニケーションの場として ………………………………………………… 62
 3.3 協調性を獲得させる場として …………………………………………………… 66
 3.4 共生を学ぶ（番外編） …………………………………………………………… 69

4. 成長段階における子ども部屋の事例研究

 (1) 生後すぐ～幼児期の子ども部屋　0～6歳 ……………………………………… 78
 (2) 小学生期の子ども部屋　7～12歳 ………………………………………………… 81
 (3) 中学生期の子ども部屋　13～16歳 ……………………………………………… 88
 (4) 青年期の個室（高校生期以降～）　17歳～ …………………………………… 97

5. 自律心が芽生える子ども部屋づくり

 (1) 親子で，部屋の使い方や家具配置を考える …………………………………… 102
 (2) 子ども部屋の管理を子どもにさせる …………………………………………… 104
 (3) 子ども部屋の1日の使い方を時系列で考えてみる …………………………… 104

　　〔3章〕引用文献リスト ……………………………………………………………… 106
　　註記 ……………………………………………………………………………………… 108

1

子どもと子ども部屋の起源

1.1　欧米の子ども部屋[1]

子どもは屋根のようです。それを持ち上げるには，1本の手では足りません。
(西アフリカの諺)

　子ども部屋がつくられるようになったのは，欧米では最近のことで，イギリスのヴィクトリア女王時代(在位1837～1901)に遡るといわれています。それまで，子どものものと呼べるような特別の場所は，家の中にありませんでした。「子ども時代」は，最近の発明です。何百年もの間，子どもは法の下に特別の権利をもっていませんでした。
　スパルタでは，新しく生まれた子どもが生きるべきか，放置されて死ぬべきかを評議会の長老が決めていました。古代を通して，子どもの地位は最もあやふやなものでした。ローマの家長は，彼の子孫を死に至らしめる権利を行使していました。ラテン語の語源は教訓的です。幼児とは，どのように話すかを知ることを意味しています。子どもが話したり，考えたりする方法を知らない限り，とるに足らない存在だと思われていました。未来の市民は，年長者に与えられるどんな権利も享受できませんでした。
　子ども達はほとんど絵やフラスコ画，彫刻には描かれず，文学作品にもその特徴が記述されていません。彼らはまじめな思考やいかなる哲学的思索の対象に価すると考えられていませんでした。彼らが遊んだり，眠ったり，生活した場所への言及さえありません。
　考古学者は最も早い時期から，子ども達の日常生活を明らかにするという，正当な目標をもっていました。彼らは骨や石や木を刻んだおもちゃを掘り出していました。木の根や小枝や苔でつくった願掛けのいくつかの人形や，ストローや動物の毛で編んだ玩具は別として，丈夫な材料でつくった子どもの玩具だけは残っていました。
　Suqqarahの共同墓地のフレスコ画というほどでもありませんが，いくつかのフレスコ画が，戸外で遊んでいる子どもを描いています。エジプトの墓には，1本のひもにつながった子どもの玩具が埋葬されていました。エジプト人は，地球で生存した最も幸福な瞬間に，彼らの最も大切にする形見の品とともに埋葬され，あの世で救われることを望んでいました。それで，玩具はしばしば葬式の埋蔵物となっていました。そのような儀式から，彼らの日常生活を知ることができます。こうしたことを総合的に判断してみても，あまり大切にされていなかった子ども達の地位や日常生活を推測してみることは不可能です。

　たとえ5世紀以後，親の幼児殺しが死刑として罰せられるようになっても，中世(5～15C)では，子どもの多くは同じような状況に置かれていました。キリスト教が人の尊厳に違反すると強く非難したのは真実ですが，子ども達は罪業のけがれをもって生まれていました。せいぜい子どもは，大人のミニチュアと思われており，生涯の最初の1年の間を除いて，直ちに大人として

厳しく扱われていました。初期の子ども時代と大人時代の間の，青年期が存在しなくなるように切り詰められていました。しばしば子どもの養育は，直接の家族が関係せず，友人や隣人を含むさまざまな社会的グループで行われていました。

　子どもが独立した地位を得て，大人と違った服装をすることは，17世紀までありませんでした。

　芸術家が初めて遊んでいる子どもを描きました。家族の概念が強調され，子どもはまもなく重要な目標となり，注目の的とされるようになりました。こうした認識の新しい発見の最も輝かしい提唱者が，哲学者ジャン・ジャック・ルソー（1712～78）です。彼はその著『エミール』（1762）の中で，子ども時代の特徴をあげて，独自の方法で分析しました。
　「子どもは小さな大人ではない。」
　「子どもには子ども時代という固有の世界がある。」
　「子ども時代には大人に近づけるのとは違った意味での固有の成長の論理がある。」
　「成長の論理に即して手助けすることが教育である。」

　子どもは，コミュニティライフの中で自身の役割を演じるようになりました。フランス革命後，彼らは特別の法律上の地位を享受するようになりました。19世紀の工業発展においてさえ，子どもの労働が徐々に取り締まられたことは，小さな手が非道に利用されたことを意味しています。

　1882年にフランスの学校教育は必須になり，虐待や暴力，育児放棄を犯すと，親の権利を奪うことができるようになりました。1912年に子どものための特別の裁判所がつくられ，1924年には最初の子どもの権利宣言がされました。こうした認識が広がり，1989年には国連総会で，子どもの権利国際会議が採択されました。

　17世紀初頭にでてきて，今最も重要になっているプライベートライフという考え方はまた，子ども達が社会の中でいつも意義深い役割を演じるようになったということを意味しています。子どもは，大人を小さくしたものとはほど遠い存在であり，大人のアイデンティティは子ども時代の経験によることを，心理学者は示唆しています。私達の生涯の最初の2～3年は，大きく条件付けられており，未来の自分を決定します。ウイリアム・ワーズワース（1770～1850）が書いたように，「子どもは人の父親である」と言えます。
　同時に，小児科学における幼児の死亡率の低下と医学の進歩が，子ども時代への新たなアプローチをもたらしました。家族はより小さくなり，子どもはより大きな保護を得るようになりました。
　それ故，ヴィクトリア女王とエドワード7世（在位1901～10）時代のブルジョア階級が，「子どもの寝室」を発明したのは偶然の出来事ではないと言えます。裕福なイギリスの家族は，子ども達に本物の愛情を感じていました。

こうした，同じ中流階級の家族が，子どものために特別に書かれた第一級の文学作品，ピーターパンや不思議の国のアリス，プーさん，ピーターラビットなどを読んで元気になったのも不思議なことではありません。ほんのちょっとした分かれ道から，子ども達は今，小さな支配者になっています。「子にまさる宝物はない」という日本の諺があります。子ども達は疑いや不安をもちながら，未来において大人の信頼に具体的に応えようとし始めています。

アフリカの諺にあるように，子どもを持ち上げることは，人類をもっと有望な未来の土台に横たえることを意味しています。欧米の子ども部屋の歴史は，こうした新しい文脈の中におかれています。

1.2 日本の子ども部屋

日本で「小供室」や「児童室」が住宅平面図に姿を見せ始めるのは，大正デモクラシーの時代です。生活改良の思潮が台所改善や，主婦や子どもの地位の向上，一家団らんのための居間の確立を中心に，女流建築家や知識婦人達の活躍で進められ，初めて「小供室」や主婦室が中廊下型平面図に登場します。1917年（大正6）の「住宅」誌主催の住宅競技設計入選案（図1-1）や，1922年（大正11）に東京平和博覧会住宅展示会に出品された生活改善同盟会の作品（図1-2）に，当時の子ども部屋の平面図を見ることができます。

児童の尊重や個室の要求と並んで，健康面からも日当たりの良い部屋を与

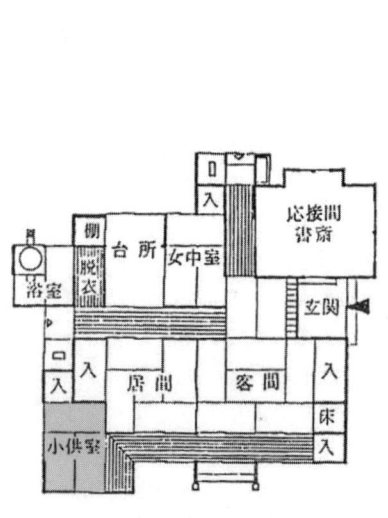

図1-1 「住宅」誌主催住宅競技設計入選案

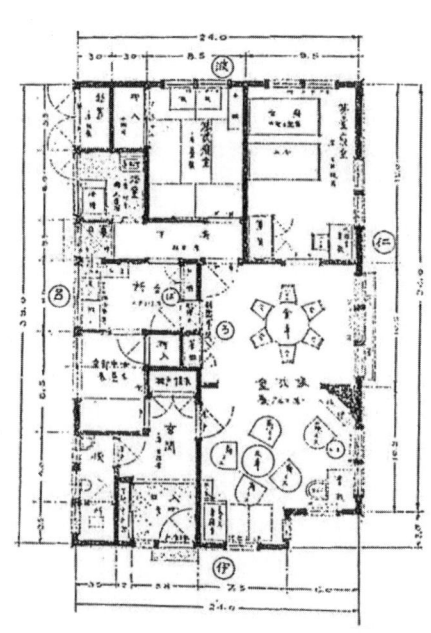

図1-2 東京平和博覧会住宅展示会出品作品 大正11年（生活改善同盟会）

えることの重要性が医者から発言されています。小供室とされているのは，3畳程度の和室ですが，当時の建築ジャーナルには，「小供本位の住宅」という言葉がみられ，日本における子ども部屋発生の起源といえます[2]。食寝分離や親子の就寝分離の思想を背景に，勉強も遊びもできるような，個の自律に向けた寝室を子ども部屋の理想とする考え方は，居間中心型住宅に引き継がれていきます。

　しかし，実際に子ども部屋が一般家庭に普及するのは，第2次大戦後のことになります。

　図1-3は，戦後の12坪の国民住宅コンペ当選案（設計：高田秀三）1948年（昭和23）に見られる子ども部屋です。戦後の民主主義教育の普及によって，こうした思潮はさらに広がり，1970年頃までは，子ども部屋は個の自律を育むための生活空間として重視されていました。個室の勉強部屋を持っていることが，子どもの生活を正しく導き，健全な子どもが育つという主張がなされています。それは非行児と一般児との比較調査などでも裏付けられていました[3]。

　子どもの個室所有が疑問視され，子ども部屋批判が生まれたきっかけは，1970年代後半から自室に閉じ込もって出てこない家庭内暴力児や登校拒否児が目立ち始めたことによります。経済の高度成長がもたらした数々の歪みに対する反省と軌を一にしていますが，子ども部屋批判は，そのような反省の域にはとどまりませんでした。

　1980年の「子ども白書」[4]では，「子ども部屋は非行の温床になっており，夜型の子どもをつくるのに一役かっている」として非難しました。1983年には，住まい文化キャンペーン推進委員会の調査が「子ども部屋は一家団欒の機会を減らす」として，「子ども部屋はドアよりも襖か障子にしたほうがよい」と，子ども部屋不要論に拍車をかけています[5]。「子どもに個室はいら

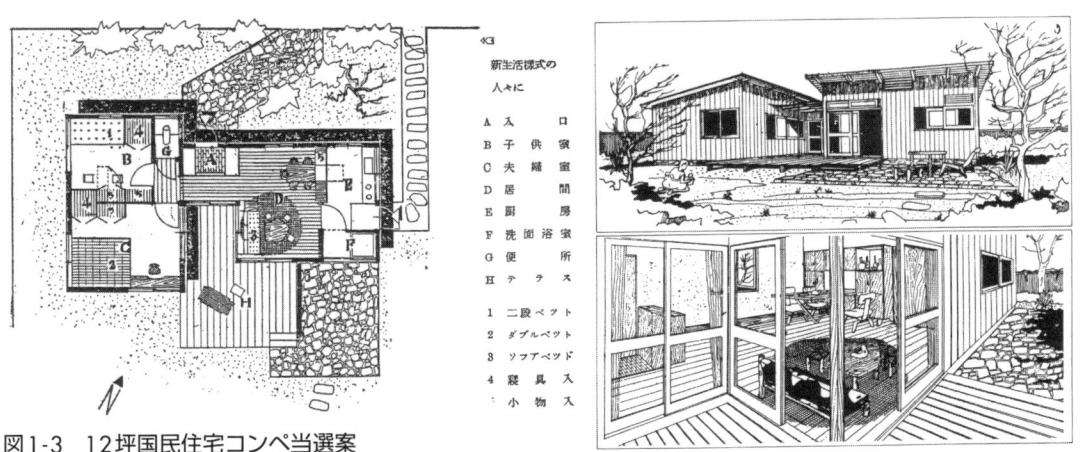

図1-3　12坪国民住宅コンペ当選案

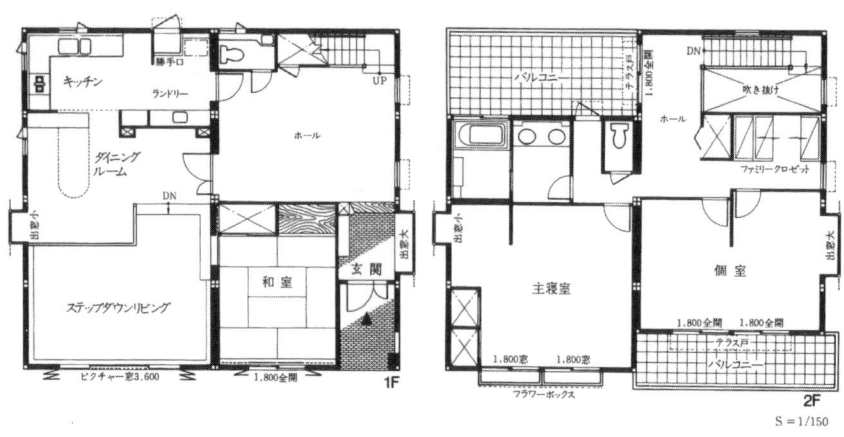

図1-4 プレファブ住宅の回遊式子ども部屋(昭和57年)

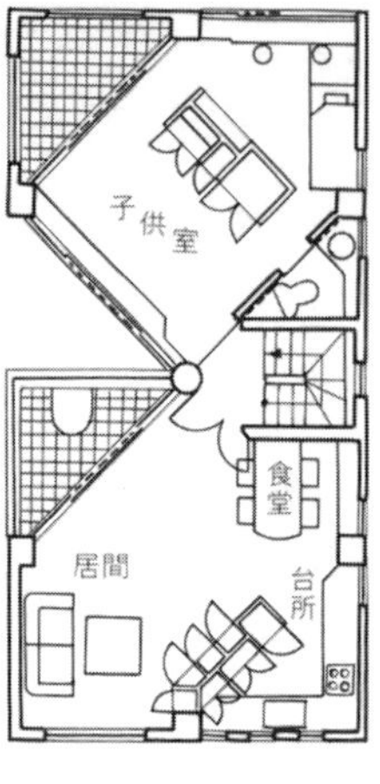

図1-5 子ども部屋と居間を視覚的につなぐ

ない」「仕切りのない家から家族の対話が始まる」などと，さまざまな問題が提起されました[6)7)]。

そして，回遊式子ども部屋(図1-4)やリビングから子ども部屋が見渡せるプラン(図1-5)など，さまざまな間取りが考えられたり，親が家事をしているリビングやダイニングテーブルで勉強させる家庭が増えました。総中流社会の崩壊の後も，学歴重視の親心が勉強部屋や勉強スペースを普及させ，勉強しているかどうか，部屋の中が見えない親の不安が個室批判を支持し続けてきました。

少子高齢社会になった現在も，その考え方は根強くみられ，子への愛着はさらに重視され，引きこもりの問題をはじめとして，家族共有のスペースに子どもの勉強のためのカウンターを設けるなど，オープンタイプの勉強スペースが推奨されて，個室があまり好まれない傾向はさらに進んでいます。その他にも，リビング階段や川の字就寝などが蔓延し，そして家庭では，子どもは四六時中，親の目に守られ(?)続けています。

情報機器が発達し続ける一方，国際化の波で自己主張が重視される現在，親子密着関係や世話型コミュニケーションを良しとする従来の日本文化に浸っている限り，いつまで経っても子どもの精神面の成長を期待することはできません。自己主張に向けて，従来の日本の文化では得難い自立や個の概念を子ども達に学ばせるためにも，個人主義文化における自律に向けての子育てを意識していく必要があります。

そのためには，「子ども部屋」をどう活用していくかを再考すべき時期にきています。それが今，親の養育態度として問われているのではないでしょうか。

1.3 子どもの寝室と勉強部屋

　子ども部屋といっても，欧米と日本とでは基本の考え方やその実態は随分違っています[8)9)10)11)12)13)14)15)16)17)]。

　欧米の子ども部屋は，ベッドと造付けのクロゼットや家具で構成された「寝室」(bedroom)であり，子どもの人権を保障する場として一般的に認められてきました。多くの親は，経済的に許す限り，生後すぐから，子ども1人について1つの寝室を与えたいと考えています。寝室だから，きょうだいでも異性は別室が原則で，同性なら教育効果を考えて同室にすることもあります[31)]。

　夫婦が単位の欧米では，主寝室はあくまでも夫婦の空間とされており，最も良い場所につくられます。生まれた時から子どもの寝室は別になっています。部屋の使い分けがされており，幼い時から寝かせたり離乳食を食べさせる時でも，必要に応じて親が子どもを寝室や食事室に連れて行くスタイルの子育てがされています。そのため子どもには，生活行為に応じて部屋機能の使い分けをする習慣がしっかり身についています。

　子どもの寝室は，屋根裏やペイブメント(半地階)などにとられます。そのため子ども寝室の広さは，子どもの数で決まりがちです。1人っ子なら屋根裏全部を使っていたり，2人きょうだいなら屋根裏の広さの1/2になっていたりするのが一般的です。子どもの寝室は，「○○ちゃんの部屋」と呼ばれ，図1-6のように扉にデザインしたネームプレートがつけられているのをよく見かけます。

図1-6　ドアのネームプレート

アメリカでは，子どもの寝室は子どもが管理するものと考えられているため，部屋が散らかっていても，ほとんどの親は片付けたりせず，子どもの責任としてそのままにしています。

親の権威が強いため，子ども部屋は子どもに貸し与えているものであり，親が必要になったときには部屋を空けさせて，客用寝室に使ったりします。子どもの数が少ない時には，子ども寝室のほかに，子ども専用のサニタリーやスポーツ室，アトリエなどが設けられている場合もあります。また，DIYが一般的に盛んなため，ある程度大きくなると，子どもが自由に自分の部屋の壁紙を貼り替えたりペンキ塗りなどもして，インテリアを整えるようになります。

日本では，子ども部屋は学習机に代表される「勉強部屋」です。部屋に余裕がある場合は，小学校への入学を契機に与えられるのが一般的で，寝室とは考えられていません。

畳の空間の融通性を背景とする，添い寝が基本の日本の子育て文化の下では，生後1年ほど経ちベビーベッドを使わなくなると，和室などでの親子同寝が大半を占めるようになります。その結果，さらに母子の密着が進みます。親は子どもの様子を把握していることで安心感をもち，子どもの年齢が高くなっても，いつまでも子どもの気配が感じられる空間を望む傾向がみられます。(図1-7，図1-8)

現在，未就学児では親子川の字就寝が約7割，母子同室就寝が約2.2割ほどあり，約9.2割の母子が同室で寝ています[19]。小学生になってもそれが解消されず，約6.7割が母子同室就寝です。中学生以上になって，同室就寝が約2.7割と少し減り，やっと親子の就寝分離がされ始めますが，高校生になっても，まだ川の字で寝ている親子が約1割ほどあるのには驚かされます。

日本の住宅近代化の時代にいわれた，親子の就寝分離の必要性は，今ではすっかり忘れられており，親も子もその異常さに気づいていないように思われます。母子が一体化しているため，乳幼児期には子どもの居場所といえる所はありません。小学校入学をきっかけに，勉強机の置き場所として，子ど

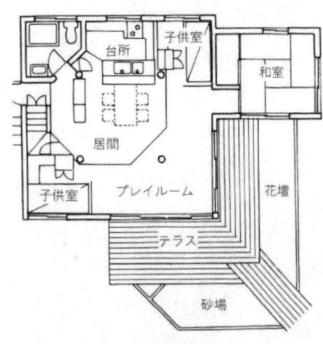

図1-7　居間と融合している
　　　子ども部屋

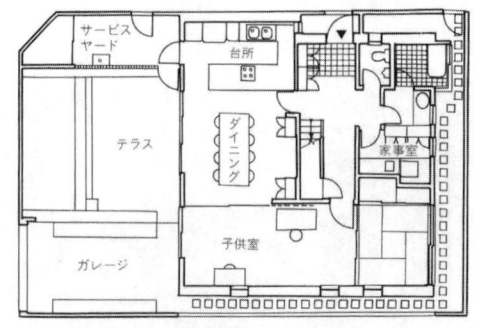

図1-8　ダイニングとつながっている
　　　子ども部屋

ものスペースが設定されるケースが多くみられ，それが日本の子ども部屋といわれてきました。

中学生直前にまで及ぶ，川の字就寝による親子密着関係の習慣化によって，子どもの自律を促すことの重要性が忘れ去られてしまっています。それどころか，依存的な親子密着関係が，親子のコミュニケーションのあかしだと誤解されているようにも思われます。

日本では，家の中で最も良い場所に，子どもの勉強部屋をつくる傾向がありました。しかし親子の愛着が強く，現実にはリビングやダイニングのテーブルで勉強させているため，折角つくった勉強部屋はあまり使われてきませんでした。

最近ではその傾向がさらに進み，親が家事をするかたわらで勉強させることへのこだわりがいっそう強くなっています。そして，建築家や住宅産業などの提案で，ダイニングやリビングの一部に，子どもと家族共用の勉強スペースを設けることが多くなってきています。それによってまた，勉強部屋は不要だということになり，子ども部屋自体をつくる必要がないなどという風潮が高まってきています。

こうした子ども部屋の要，不要の問題は，勉強をどこでするかといった空間の問題ではなく，基本的に幼時から子どもを，人格をもつひとりの人間として認めているかどうかの問題であるといえます。子どもを親の付属物としてではなく，ひとりの人間として認めているなら，子どもの誕生によって，物理的に子どもの生活空間が必要になってくるはずです。

子ども部屋があってもモノオキ化している家庭が多く，子ども部屋の存在意義がなくなってきています。そして，リビングやダイニングで子どもの生活行為が全て満たされるようになってきたことで，パブリックとプライベートに対する子どもの空間の認識も曖昧になってきています。また，携帯やスマートホンなどの情報機器が低年齢まで浸透してきたことによって，子どもがひとりになれる時間がますますなくなってきています。

子どもは，生まれた時からずっと親に見守られ続けているので，庇護されることに抵抗がなく，ひとりになって，自分で考え行動することができなくなってきています。独立心を育てたり，親離れに向けての子育てがなされていないからです。プライバシー意識や自我などの個の概念がしっかり育たず，必要以上に友達とのつながりだけを重視し，他人への配慮の必要性など思い及ばないといった精神的な成長の遅れが目立つ傾向がみられます。いつまでも大人になりきれない幼い若者が多く見られるのはそのためです。

子育ての情報があふれ，子ども部屋に対する関心や意識が高まっているものの，住まいにおいて子どもが過ごす空間はどうあるべきかという問に対して，明確なイメージをもつ人はあまりいません。どんな子ども部屋を与えるのかということは，どのような人間に育てたいのか，どのような親子関係を

築きたいのかを明確にすることであり，家族がどのように暮らしていきたいのかを考えることでもあります。

　子どもの育て方や暮らし方を意識して，空間のあり方を考えることが必要になっています。そのためには，子どもをひとりの人間として，その人格を尊重し，共に空間をつくりあげていくことが重要になってきます。子どもの独立心を健やかに育む空間のあり方を真剣に考えてみましょう。子ども部屋は，親の養育態度を実践するためにも，子どもの成長においても不可欠な装置であり，使い方次第で大きな役割を果たしてくれます。

2

子ども部屋の機能と役割

2.1 子どもの精神面の成長をうながす場として

(1) 自律とは

　生物界では，誕生から巣立ちまでの期間は，生態系に組み込まれています。鳩ならどの鳩でも，巣離れまでの期間はほぼ一定で同じですが，人間の場合には肉体的成長のほかに，精神面の成長が大きく影響するため，いつまで経っても親離れができない人が見られます。子どもの精神面の成長とは，言い換えれば，親離れへの道程[20]といえます。身体面の成長は，目に見えるのでわかりやすいのですが，精神面の成長は一見しただけではわかりません。

　環境心理学者のMaxine Wolfは，子どもの精神面での発達を，社会で要求される他者とのかかわりにおいて自分を守り，他者を認めることができるようになることとしています[21] [22] [23] [24]。自我を確立するとともに，他者の主張や存在を認めることができるようになることです。独立した自己の存在と社会的な自己の存在の獲得，すなわち自我の獲得と協調性の獲得を両立させることができるようになることを，子どもの精神面での成長としています。

　精神面の成長を養育目標と考えるなら，親には子どもの身辺の世話よりも，子どもとより緊密な心の関係をつけていくことが求められます。スキンシップも大切ですが，そうした親子の一体化した関係より，子どもをひとりの人格として認め，親が子どもに向き合う姿勢が大切です。子どもに直接語りかけ，子どもの話を聞いてやることが，親子の信頼関係の基盤を築くことにつながります。そうして育まれた3歳ぐらいまでの親子関係は，その後の親子の信頼関係のもととなり，少々のことで崩れることはありません。親は絶対に自分を見捨てないという信頼が子どもに生まれると，親離れに抵抗がなくなり自律できるのです。

　従来の子ども部屋調査では，1970年代には子ども部屋を与える親の目的は，8割以上が子どもの独立心を養うためでした。しかし，最近の調査では，そうした親の意識は姿を消し，子ども部屋を与える目的は多様に分化してしまっています。それどころか，日本では親子のコミュニケーションの必要性だけに焦点があてられ，「子どもの独立心を養う」ことや「子どもをひとりにする」ことの意味が忘れ去られています。

　子どもの精神面の発達において，ひとりになって考える時間をもつことは，幼い子どもにとっても大切なことです。子どもの伸びる力を信じて，伸ばしてやることが重要なことなのです。

　欧米では，子どもが悪いことをしたときには，罰として子どもを寝室に閉じ込めます。それは自由を束縛して，ひとりで落ち着いて考えたり，反省させたりするためです。昔は野原や町の中にも，子どもがひとりになれる安全な場所があったので，叱られたり悲しかったりしたときなど，そうした所を自由に使って自分と向き合っていたのですが，今では日本でも欧米でも，子どもが屋外でひとりになれる安全な場所はなくなってしまいました。

欧米の子どもの寝室は，子どもの自律のための空間として機能しています。日本では，自立という言葉はよく使われますが，自律という表現はあまり見かけません。
　自律（Autonomy）と自立（Independence）とでは，どのように違うのでしょうか。自立という語は，広範囲の大きな概念として使われており，あらゆる援助や管理下に置かれず独立していることを意味しています。そこには経済面なども含まれてきます。それに対して自律は，自分で決めた規律で，自分自身をコントロールできるという精神性であり，特に経済面を問題にしなくても成立する概念といえます。
　自律（Autonomy）とは，the ability to make your own decisions without being infulenced by anyone else（誰にも影響されないで，あなた自身の決定をすることができる能力）ととらえられています。自律の概念は，これまでの調査結果からも，プライバシー意識の確立に結びつく項目と関係していることが明らかになっています[9)10)]。自我の確立を，他者とのかかわりにおいて自分を守り他者を認めることができるようになることと考えると[21)]，それは，環境心理学者M. Wolfのいうプライバシーの概念とも重なってきます。

　プライバシーという言葉は，アメリカでは日本より随分広い概念で用いられています。そしてM. Wolfは，プライバシー意識の確立状態を，①Self-Ego Dimension，②Environmental Dimension，③Interpersonal Dimensionの3つの側面からとらえているため，自我の確立や自律の概念とほとんどの部分で重なり合っていることがわかります[22)23)24)]。
　これらのことから，M. Wolfのいう子どものプライバシー意識の発達過程こそが，自律や自我の確立への過程であり，それとともに社会的な自己の存在を獲得すること，すなわち自己主張と協調性の獲得への道程ととらえることができます。その過程で大きな役割を果たしているのが，物理環境のコントロールの経験です。物理環境のコントロールというのは，子ども部屋などのような，ある空間を自分の意志に従って制御することです。それによって他人との関係を保ち，自分を守ることを学んでいくのです[32)34)]。

(2) プライバシーの概念
　ある物理環境における子どもの行動は，子どもがプライバシーを必要としていることを明らかにしています。そして，そのプライバシーの概念は，子どもがどのような社会的・物理的環境の下におかれてきたかによっても異なってきます。
　例えば，専有室を経験してきた子どもは，共有室で育った子どもに比べて，心理的隔離ができにくいことが明らかにされています。すなわち，専有室で育った子どもは，同じ部屋に誰かがいる限り，ひとりになれないのに対して，共有室で育った子どもは，側に人がいても心理的隔離をしやすいことがわかっています。プライバシーに関する成人の概念は，幼年期の経験に強く結びついており，青年期を経てより複雑な成人のプライバシー意識が形成されて

いきます。

　プライバシー意識の自己形成過程をみるための，日本や欧米におけるいくつかの調査があります[21)22)25)]。いずれも，5歳から青年期までの1,000人以上の子どもの行為を調べて，成長に伴うプライバシー要求をまとめたものです。これらの結果をもとにして，子どものプライバシー意識を形成する要因をまとめてみたものが**表2-1**です。この表から，幼児から青年期までの子どもが，空間に求めている役割を読み取ることができます。

表2-1　自律を育む子ども部屋の機能
個室の要因（プライバシーの概念）　　　　　　　　　　　　　　physical and social qualities

Self-evaluation Self-identity	（考えごとをする）	A	考えごとをする 空想したり，ボーとする 本を読む	aloneness quiet no one bothering you
Desire to exercise autonomy vis a vis Controlling access to the space	（空間への接近のコントロール）	B	誰も入って来られない あなたの許可なしに誰も入ってこられない 入って来る人を選べる 誰も入ってきて欲しくない 特別な人だけが入ってきてもいい あなたが居る時に入ってきて欲しくない あなたが居ない時に入ってきて欲しくない 大切なものをしまう ポスターを貼る	a place that's mine no one knows where it is or where I am
Autonomy component Choice of activity	（行動の選択）	C	したいことが自由にできる そこでしかできないことをする 音楽やラジオを聴く 腹が立ったときに行く ひとりになれる	It's my own place I can be alone no one bothers me I can do what I want to do
Privacy mechanism Controlling information	（狭義のプライバシー）	D	着替えをする 手紙や日記を書く 電話をする 寝る 勉強する 聞かれたくない話をする 見られたくないことをする	a desire to be alone doing a specific activity no one bothers me no one knows what I'm doing

　まず第1に，「**考えるための場所**」です。考えごとをしたり，空想したり，ボーとしたり，本を読んだりするための場所です。子どもの年齢とともに「考えるための場所」の必要性は増加し，質的にも変化していきます。低年齢児では，〈静かさ〉などの物理的条件が重視されますが，年齢が上がるにしたがい〈ひとりである〉など，他人の存在を意識するようになります。

　2つ目は，自律への願望で「**空間への接近のコントロール**」です。自分の領域への他人の侵入を支配することを意味しています。誰も入って来られない，誰も入ってきて欲しくない場所で，大切なものをしまったり，ポスターを貼ったりできる場所です。

　子どもの成長によって，量的な変化はみられませんが，質的に変化しています。大切なものや存在をコントロールすることから，自分や他人の行為の

コントロールへと要求が変化していきます。

3つ目は，自律の成分「**行動を選択できる場所**」の要求です。したいことができるのは，他人の存在の有無と関係しています。したいことが自由にできる。腹が立ったときに行く，ひとりになれるなど，そこでしかできないことが自由にできる場所の要求です。

高年齢になるほど，その要求が増えますが，家具や設備のいる行為や，腹が立った時ひとりになりたい要求は，どの年齢にもあります。こうした場所への要求は，年齢が上がるにしたがい自室で行われることが多くなっていきます。

最後は，いわゆる「**狭義のプライバシー**」と認識されている要因です。プライバシーを守るためには，空間の保障が不要なものと，必要なものとがあります。聞かれたくない話などは前者に属し，さまざまなところで行われています。空間の保障が必要なものは，就寝，着替えなどの設備や物理的条件に支えられている行為と，電話，手紙，日記など情報のコントロールによって達成される行為です。前者はどの年齢でも要求がみられるのに対して，後者は子どもの年齢が高くなるほど，空間の要求が増加していきます。

以上の4項目が，子ども部屋に期待されている役割といえます。欧米の住まいの絵本を見ると，幼児の時から寝室でこうしたさまざまな行為をしている子ども達の様子が描かれています。

こうした自己形成にかかわる空間への子どもの要求は，幼児期から青年期へと質的，量的に変化を遂げながら発達していることがわかります。そして子ども達は，物理環境を変えることで，自分に居心地の良い状況をつくり出すことを学んでいきます。部屋などを自分の意志に従って開閉したり制御することで，他人との関係を保ち，自分を守ることを少しずつ学んでいきます。

例えば，開いた扉が入室許可を表し，閉じた扉には入室時のノックが必要なこと，子どもの許可なく親が勝手に子ども部屋に入って，親の持ち物を置いたりしないことなど，親子で納得のいくまで話し合い，ルールをつくってお互いに守ることが重要です。

子どもによる部屋の扱いは，「扉の開閉」や「人や物の侵入のコントロール」をはじめとして，「寝室の掃除」や「寝具の整理」「衣類の収納管理」「家具の配置や部屋の模様替え」「壁に貼る物の決定」などさまざまなことがあげられます。こうした子ども部屋の管理のしかたを，少しずつ子どもに教えるとともに，親子間のルールを決め，子どもに責任をもたせて任せていくことが，子どもの精神面の成長を大きく促します。ちなみに，日米比較調査によると（図2-1〜図2-3），寝室の掃除を自分でしている子は，アメリカでは小学4年で半数以上ありますが，日本では高1でも約1/4の子どもしか達成できていないという結果があります。

そうした経験をひとつずつ積み重ねていく中で，子どもは具体的に他者との関係のつけ方を学び，自信をつけるとともに，自律に向けて精神的に成長していくことができます。

お子さんの洗濯された衣類をクロゼットやタンスにしまうのは誰ですか。

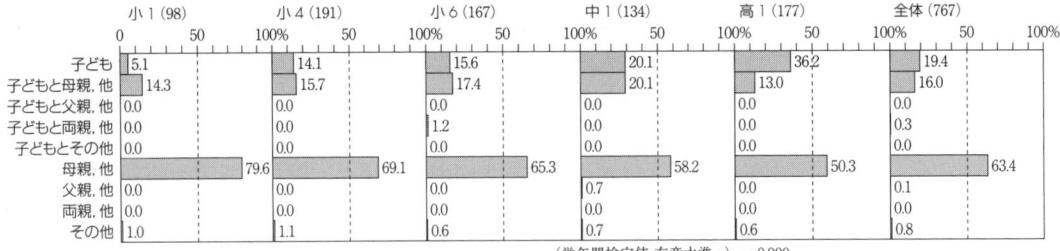

Who puts the clothes in the closet or the chest after they have been washed ?

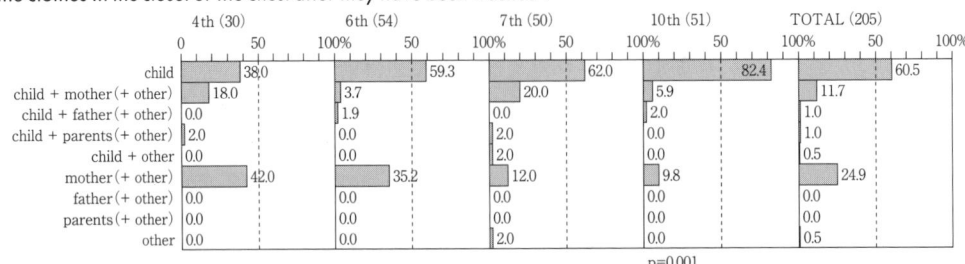

図2-1　子どもの衣類をクロゼットやタンスにしまうのは？

いつもお子さんの布団の上げ下ろしや，ベッドメーキングをするのは誰ですか。

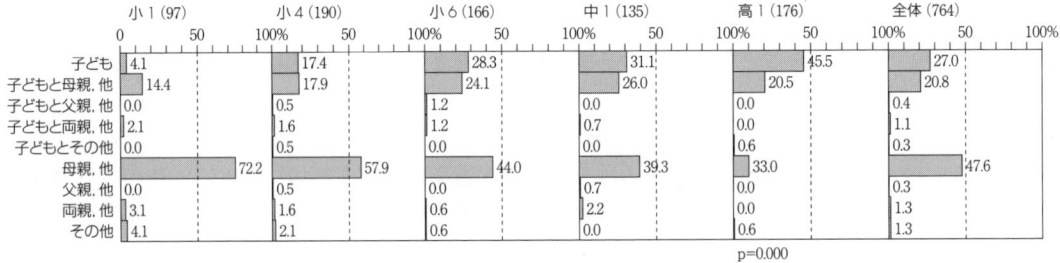

Who usually makes up his(her) bed ?

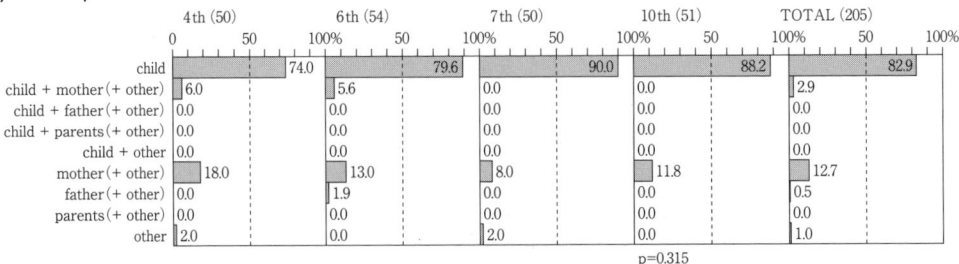

図2-2　子どもの布団の上げ下ろしやベッドメーキングをするのは？

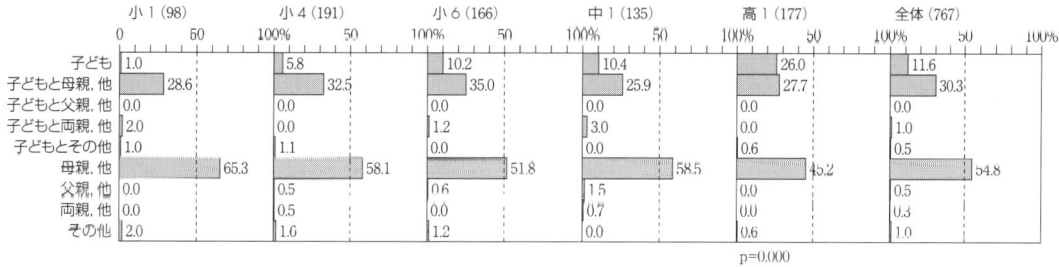

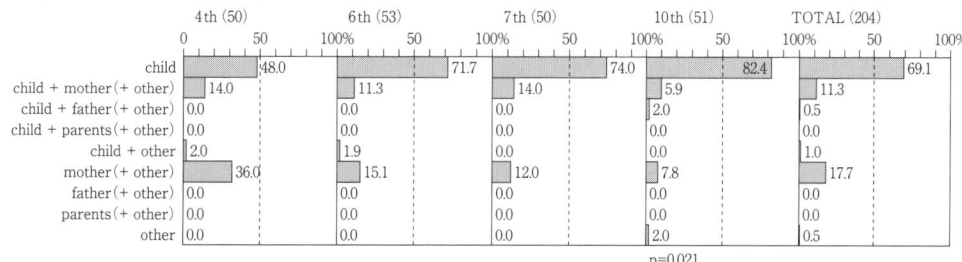

図2-3 いつも子ども部屋の掃除をするのは？

　勉強部屋を快適にするために，掃除から寝具の整理や衣類の収納まで，すべてを整えている日本の親は，子どもの精神的成長を促す折角の機会をみすみす台無しにしているのです。

2.2 親子のコミュニケーションの場として

　アメリカでは家族づくりを重視しますが，子どもが幼い間は未熟な者と考え，一人前には扱いません。しかし，子どもが成長すると，親も子どもも互いにコミュニケーションの必要性を感じ，親子ともにコミュニケーションをとる努力をしています。そのため成長すると，コミュニケーション量が増えています（**図2-4**）。それが文化として受け継がれています。

　日本の親は，子どもが幼い間は自己と同一化してとらえる傾向があります。親は子どもを見ていることで安心感を抱き，成長しても世話をする習慣が抜けきれず，世話することをコミュニケーションと勘違いしてしまいます。そのため，中学生や高校生になると，コミュニケーションがなくなったり，いつまでも世話するので親への依存が抜けきれず，成人しても「パラサイト」と呼ばれる人が多くなったりしています。

　建築の分野でも，親子のコミュニケーションが注目され，研究されてきましたが，コミュニケーションとは何か，の意味が曖昧なままで，食事や団ら

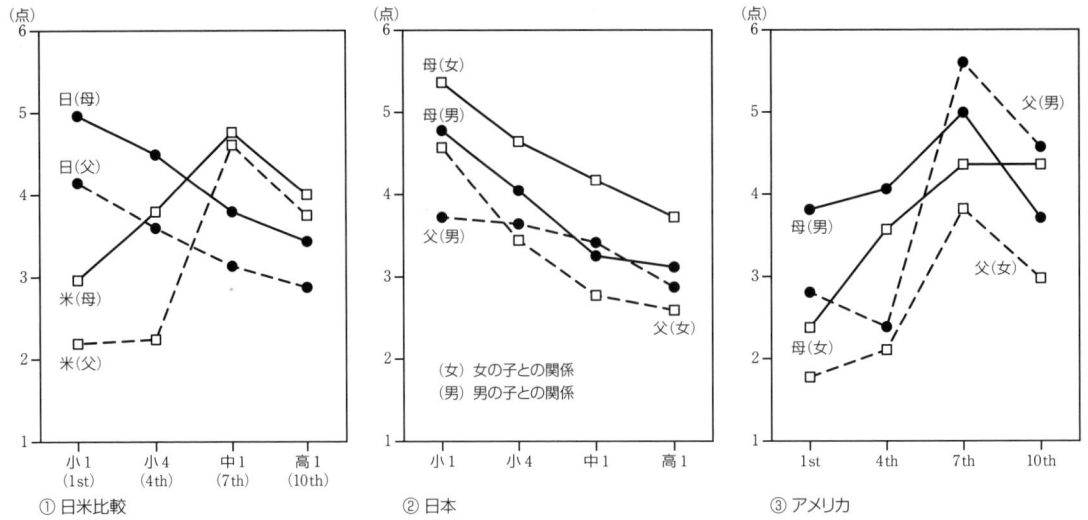

図2-4 親子間のコミュニケーション数の変化

んの有無といった行為をチェックすることに終始されてきました。

そこでここでは，社会科学の分野で，2者間の関係に重点をおいてコミュニケーションをとらえている池田謙一のコミュニケーションの概念[26]を参考にするとともに，それを使って親子の関係を調査した結果について見ていきたいと思います。

(1) 2者間のコミュニケーションの種類

池田はメッセージの送り手と受け手の間で，自分の伝えた意味や意見，立場などが伝わったと主観的に認識でき，かつ相手にもそう受け止められていると概念を共有できた状態を，コミュニケーションの成立と考えています。そして，2者の間のコミュニケーションの概念を3つに分けて示しています（**図2-5**）。

まず第1は「**説得達成の相**」です。これは送り手が意図した効果を生み出そうとする過程，ないしは影響関係にかかわるコミュニケーションを指しています。つまり，親子関係においては親の養育態度に代表されるもので，言葉などで親の考えや養育方針を子どもに伝える「会話」型コミュニケーションがそれにあたります。双方向型のコミュニケーションで，疑問や間違った

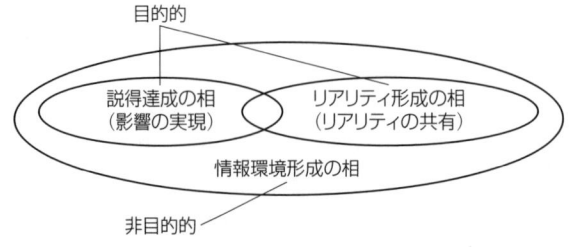

図2-5 池田のコミュニケーションの三相

解釈などは，会話のやりとりの過程で直接修正できるため，相互理解を深めることができます。

2つ目は「リアリティ形成の相」です。経験，感情，知識，意見などを共有しようとするもので，共有の試みを通じて，リアリティ感を形成するコミュニケーションであると位置づけています。したがって，日常生活において親子でともに行っている行為が，これに該当するものです。行為を共有することによって意識的，無意識的に相互の意図が伝わり，行為の共有の過程でお互いの意図がフィードバックされて修正されるため，本来の意図が相手に伝わり，双方向型の強いコミュニケーションとなり，理解が深まります。「行為の共有」のコミュニケーションの強さです。

最後に「情報環境形成の相」です。これは付随的に，態度や話し方の中から情報の副産物として，相手が一方的に得る情報と定義されています。親子の日常的な相互の交わりの中では，何も言わなくても，その場の雰囲気から伝わる相手の意図です。雰囲気から感じ取る情報なので，一方的で曖昧な上，場の感情に支配されやすく，不正確になりがちです。「場の共有」は，消極的なコミュニケーションといえます。

「会話」も「行為の共有」も双方向からの積極的なコミュニケーションですが，「場の共有」は場の雰囲気のような曖昧なものから，一方的に伝わる情報です。例えば，大きな食卓で家族員がそれぞれ別のことをしている状況です。子どもの身辺の「世話」も強いて言えば，親からの一方向の働きかけで，行為を共有しようという意識がないため，「場の共有」にあたるといえます。

(2) 成長によるコミュニケーションの質的変化

池田の2者間のコミュニケーションの概念を用いて，日本の小学生と高校生の親子約1,100人について，子どもの成長による親子のコミュニケーションの質や量の変化と，団らん室の使われ方の関係について調べてみました。調査対象の小学校，高校はともに進学校であり，熱心な養育態度を有する親たちです[27]。

親子の関係を表2-2の指標に基づいてとらえました。すなわち，住まいにおける親と子の関係を，親の養育に関する状況「養育態度」と，子どもとの生活の状況「生活態度」の2側面からとらえています。養育態度は，具体的な「養育内容」と子どもにかかわる「養育者側の問題」に分け，生活態度は親子の「日常生活での行為の共有」と，過去の経験としての親子の「行為の共有の実績」，「子ども部屋」の管理にかかわる問題に分けてとらえています。設問項目をコミュニケーションのタイプ別に整理し直したものが図2-6で，小学生，高校生についての各項目の該当者率です。

図2-6のほぼ全項目で，小学生より高校生の該当者率が減少しています。親と子の認識の違いをみるために，親と子の該当者率の差の有無をT検定し，5%で有意差の見られたものに，*印を付けてあります。特に高校生になると，リアリティ形成の相で大きく減少しています。親子間で有意差のある項目は，高校生になるとほとんどの項目に及び，子どもの成長に伴って親子間のコミ

表2-2 親子のコミュニケーションのとらえ方
A：説得達成の相　　B：リアリティ形成の相　　C：情報環境形成の相

		着眼点と具体的な項目		設問番号
養育態度	養育内容	養育方針	自己主張	A6
		個人尊重度	将来についての話し合い	A5
		期待度	将来についての期待	A4
		干渉度	友人の選び方	A7
		ルールの有無	門限	A3
		役割分担	手伝い	A2
		関心度	親子の愛着	C4
	養育者側の問題	力関係	親の権威	A8
		優先度	子ども優先	C5
		一貫性	愚痴・自慢	C1
		夫婦仲	仲良く・喧嘩	C3
生活態度	日常生活での行為の共有		夕食	B10
			会話	B5
			遊び	B9
			携帯・メール	B7
	行為の共有の実績	今までに	スポーツ観戦	B3
		今までに	映画鑑賞	B2
		去年	旅行	B6
		最近	スポーツ	B4
		この1週間	買物	B1
		この1週間	料理	B8
	子ども部屋	人・物の侵入	入室頻度	C2
		管理の主体	掃除	A1

ュニケーションが減り，親子の考え方のずれが増加していることがわかります。

　コミュニケーションの3分類と総計についての該当者率の平均値を求め，さらに相互比較ができるように，10問を基準としたときの値に直したのが**表2-3**で，親の回答と子どもの回答の一致率を示しています。表2-3より，小学生，高校生のどちらにおいても，親のほうがつねに，子どもが考えているより多く，子どもとコミュニケーションをとっていると考えていることがわかります。小学生時には3分類の中で最も高い値を示しているのが，リアリティ形成の相です。親子の一致率も，小学生ではリアリティ形成の相が9割以上と最も高く，共に同じことをする経験は，小学生時には親と子を確実に結びつけていることがわかります。

　それに対して，高校生では説得達成の相が高い値を示しています。親子の一致率をみても，説得達成の相が高く，親と子の間の論理的な説得力ある会話が，親子間の相互理解を促していることがわかります。

　この調査の結果からも，日本の親子のコミュニケーション量は，小学生から高校生に成長するにしたがって減少しており，質的にも変化していること

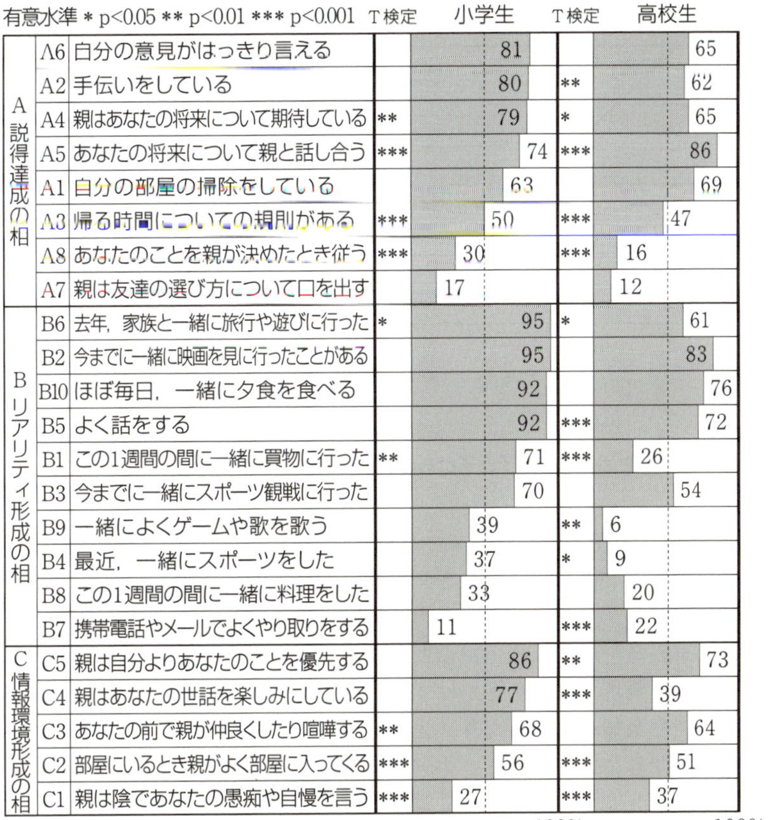

図2-6 小学生・高校生の親とのコミュニケーション結果
（親と子の該当者率の差の有無をT検定したもの）

有意水準 * p<0.05 ** p<0.01 *** p<0.001

分類		T検定	小学生	T検定	高校生
A 説得達成の相	A6 自分の意見がはっきり言える		81		65
	A2 手伝いをしている		80	**	62
	A4 親はあなたの将来について期待している	**	79	*	65
	A5 あなたの将来について親と話し合う	***	74	***	86
	A1 自分の部屋の掃除をしている		63		69
	A3 帰る時間についての規則がある	***	50	***	47
	A8 あなたのことを親が決めたとき従う	***	30	***	16
	A7 親は友達の選び方について口を出す		17		12
B リアリティ形成の相	B6 去年，家族と一緒に旅行や遊びに行った	*	95	*	61
	B2 今までに一緒に映画を見に行ったことがある		95		83
	B10 ほぼ毎日，一緒に夕食を食べる		92		76
	B5 よく話をする		92	***	72
	B1 この1週間の間に一緒に買物に行った	**	71	***	26
	B3 今までに一緒にスポーツ観戦に行った		70		54
	B9 一緒によくゲームや歌を歌う		39	**	6
	B4 最近，一緒にスポーツをした		37		9
	B8 この1週間の間に一緒に料理をした		33		20
	B7 携帯電話やメールでよくやり取りをする		11	***	22
C 情報環境形成の相	C5 親は自分よりあなたのことを優先する		86	**	73
	C4 親はあなたの世話を楽しみにしている		77	***	39
	C3 あなたの前で親が仲良くしたり喧嘩する	**	68		64
	C2 部屋にいるとき親がよく部屋に入ってくる	***	56	***	51
	C1 親は陰であなたの愚痴や自慢を言う	***	27	***	37

表2-3 親と子のコミュニケーション量と一致率

分類	10点満点の平均値				一致率	
	小学生	小学生親	高校生	高校生親	小学生	高校生
A. 説得達成の相	5.8	6.6	5.2	5.7	87.3%	91.9%
B. リアリティ形成の相	6.2	6.7	4.5	5.1	92.5%	88.2%
C. 情報環境形成の相	6.1	7.3	5.0	6.6	83.4%	75.8%
総コミュニケーション量	6.1	6.8	4.9	5.6	89.7%	86.0%

がわかります。小学生時には，親との行為共有型コミュニケーションが有効ですが，高校生になるとその効力はなくなり，会話によるコミュニケーションが効果を発揮するようになっています。

親からのコミュニケーション量の多少が，子どもの家族室使用に与える影響は，小学生では大きく関係しているのに対して，高校生では関係していませんでした。親子親密型の小学生が，家族室を親子で過ごす場として，最も積極的に活用しています。

また，図2-7から家族室では，「共に遊ぶ」「趣味」「くつろぐ」を中心として，「調理・食事」，「談話・雑事」など，家族で一緒に行う行為だけでなく，「身

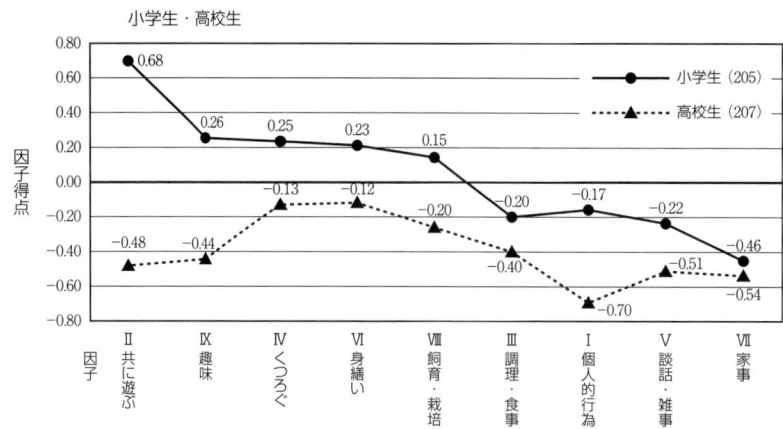

図2-7 家族室での生活行為の因子と子どもの生活行為の因子得点

繕い」や「飼育・栽培」など多様な行為がされていました。小学生にとって、家族室は遊びを中心としたくつろぎや身繕いの場としても使われているということです。

それは、家族室や居間に限ったことではありません。アイランド型台所で、子どもと一緒に調理すれば会話がはずみ、親子の理解も深まります。家族が集まって音楽や楽器を演奏したり、工作したり絵を描いたり、卓球やスポーツができる空間もよいでしょう。小学生時には、家族室やリビングルームは、親と行為や場を共有する空間として重要な役割を果たしていますが、成長するとその効果は少なくなるということです。しかし、親子で過ごした記憶は、お互いの原風景として心の中に残り、いつまでも親と子を結びつけています。

(3) コミュニケーションを子ども部屋で

これまで親子のコミュニケーションの場としては、リビングルームや家族室を使うことだけが考えられてきました。しかし、せっかくの子ども部屋を勉強部屋だけに終わらせず、子どもの居場所にするととともに、親子がそこでともに遊び、交流を深める場として活用してはいかがでしょうか。

子ども部屋を幼い時から、親子のコミュニケーションの場として使っていると、子どもが成長しても、親は変わらず子ども部屋に出入りして、子どもと話すのに抵抗を感じなくてすむでしょう。寝具や身辺の整理、掃除をさせたり、室内の配置を自分で考えさせるなど、日常的な子ども部屋の管理のしかたを教えることもできます。

親は、作業をしながら子どもの様子を見るのではなく、子どもと1対1で直接向き合っていく心がけが大切です。幼少時から、親がノックして積極的に子ども部屋に出入りする習慣をつけておけば、子どもが成長しても気軽に子ども部屋に入って、子どもと話し合うことができます。

ベルギーの親は、学校や勉強、ドラッグのことなど、子どもが道を踏み外

さないように導くのが親の務めであると考えており，日頃から子どもと話したり・遊んだり・お休みのあいさつをするために，頻繁に子どもの寝室に出入りしています。日本と同様に，親子密着傾向がありますが，親子双方向の「会話」型コミュニケーションが定着しており，信頼関係が築かれているため，子どもが悩みをもったときも，相談相手として親が選ばれています。

日本の親は，子どもの不在時に勉強部屋に入ったり，勉強部屋を掃除する時，勝手に机の中を片づけたりして，子どもの不審をかっています。子どもの様子を見ることや気配がわかることで，子どもを理解できていると安心しているのは親だけで，子どもの立場からすれば，反対にそれが親子の信頼関係を崩す原因になっているといえます。

夫婦中心のアメリカでは，夫婦のコミュニケーションが第一で，子ども寝室への親の入室頻度はあまり高くありません。親の権威は強く，一定の年齢に達するまで，子どもは未熟な存在として扱われています。しかし，免許年齢に達すると，親と対等に扱われるようになり，子どもも親と積極的にコミュニケーションするようになっています。成長に伴って会話型コミュニケーションが増え，子どもの悩みの相談相手にも親が選ばれています。

子どもの安定した自律の達成を育むためには，親子の信頼の強さが不可欠です。幼児期からの自律に向けた躾（しつけ）を支え，根づかせるのが「行為の共有」や「会話」によるコミュニケーションです。「行為の共有」の効果は，幼児期から小学生期の9・10歳頃までですが，結ばれた心の絆は，子どもが成長しても弱まることはありません。

親は子ども部屋を活用して，子どもと遊んだり，話したりする習慣をつけておけば，高校生になっても気軽に子ども部屋に入って，子どもと会話を楽しむことができます。

2.3 親の養育態度を実践する場として

(1) 空間の影響力とは

「個室が子どもを閉じ込もらせる」とか，「個室の子ども部屋が，家族の団らんを妨げる」などと，1980年代以降，日本では個室が子どもに悪影響を与えるとされてきました。しかし，空間が人に影響を与えるのではなく，文化に潜在化して伝わっている子育て習慣や養育する母親の心理・心情などが空間の使い方（developmental niche）に受け継がれ，それが影響を与えているのです。空間の影響力の正体とは，ある文化の，空間の使い方による影響なのです[28]。

例えば，生後1年経っても，日本の母親は添い寝するスタイルをとっていますが，イギリスでは昼間も母親が乳児のそばにつきっきりにならず，大人の生活空間である居間や食事室に子どもを導いて生活しています。部屋の機能を守り，機能別の部屋の使い分けがされています。イギリスの母親は，生

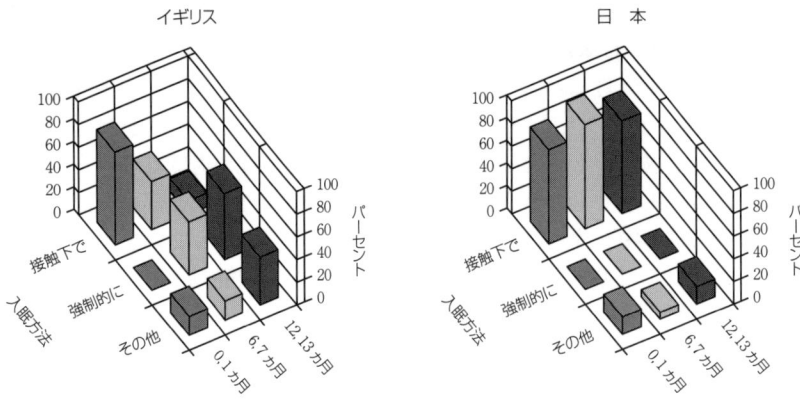

図2-8　子育てにおける空間の使い方の文化差[29]

後1年経つと乳児を1人で寝かせるようになります（**図2-8**）[29]。

　布団をたたんで卓袱台を出せば，寝室が食事室に早変わりするのが，畳の文化です。畳の部屋がほとんどなくなった現在でも，長年にわたる和室の融通性と重層的使用の文化が，日本人の部屋機能の認識を曖昧にしています。今でも冬になると，洋室のカーペットの上にテーブル付きの電気炬燵が置かれ，食事をしたり，勉強したり，寝室になってしまったりという風景が，何の抵抗もなく日常的に見られます。

　その上，子ども本位の育児が，母子の心理的融合度を高め，共感的で自他が曖昧な対人関係をエスカレートさせています。子どもの身辺の世話の重視が，母子の一体感を強め，成長後も親からの一方的な親子関係は変わらず，子どものプライバシーを無視していることに気づかなくなっています。

　欧米の文化の基盤には，人の生活は「それぞれ違っている」という認識があります。そのため，空間の使い方にも，ノックをするなどの社会的なルールがあります。子どもを叱るときも空間を使い，自室に閉じ込めて反省させるなど，プライバシーや個を意識した空間の使い方が，さまざまな面で行われています。特に意識しなくても，子どもは成長過程でそうした空間の使い方を学び，自律やプライバシー意識を守ることを当然のものとして獲得していきます。

　しかし，日本の文化では，人の暮らし方は「みんな同じ」という理解が基盤になっています。親子の一体感が強く，子どもは成長しても常に親の目に守られ続けています。そのため，子どもにはプライバシーがなくても当たり前のように思われてきました。ルールに違反しても罰が与えられず，義務や責任が問われることもまずありません。協調性が重視され，みんなと違った意見を出すと，空気が読めないといじめられるため，子どもは自分を出して主張することをためらうようになります。

　自我の確立が文化に組み込まれていない日本では，子どもの自律の達成に向けて，空間がうまく使われていません。腹が立っても，ひとりになって感

情を落ち着けるために閉じ込もれる場所がありません。閉じ込もっていると，個室が子どもを閉じ込もりにさせると批判されます。子どもの自律や個の確立を達成させるためには，ひとりになって考えることの意味や，その重要性を認める親の明快な養育態度が不可欠です。親が子どもの人格を尊重するとともに，子どもに義務や責任を明確に求めていく態度も重要です。子どもの自律を促すためには，空間という道具をもっと活用していく必要があります。

(2) 子ども部屋という道具の使い方とその意図

　自律が文化に組み込まれていない日本では，子ども部屋は子どもの精神面の成長を助け，自分自身を守るために必要な「道具」といえます[33]。

　悲しい時や腹が立った時に，閉じ込もってひとりになり，冷静に自分を見つめることのできる場所や空間があることは重要です。それを使って，子どもは自己をコントロールすることを学んでいくためです。それが「道具」としての空間の役割です。しかし，立派な子ども部屋は不要です。空間としては，子どもが寝ころべる程度の，押入を上下に2等分したくらいの小さな空間があれば十分なのです。そこで，ひとりで考えごとをしたり，誰にも邪魔されず空想したり，ボーとしている時間が大切なのです。子ども自身が成長していく過程で，そうした時間や空間をつくりだし，自由に使えることが不可欠なのです。

　子どもの精神面の成長は，他者とのかかわりにおいて自分を守り，他者を認めることができるようになることと考えられます。言い換えれば，それは物理環境のコントロール経験を通して，自我を確立するとともに，協調性を獲得していくことです。物理環境のコントロールとは，空間を制御することで，他者との関係を保ち，自分を守っていくことです。それを可能とするには，子どものプライバシーを認める親の養育態度が不可欠です。親の理解なしには，子どもは自律に向けて歩み始めることができません。

　子ども部屋のドアの開閉を，入室許可の意思表示とすることで，生ずる問題はありますか。あなたは子ども部屋に入る時，必ずノックしていますか。ドアが開けてあれば，入ってもいいよという意思表示で，閉まっていれば，今入ってきて欲しくないと子どもが思っていることがわかれば，親も子も相手の状況がわかり，互いに思いやることができますね。

　子どもに寝室を与えることと，親子川の字になって寝ることのメリット，デメリットを真剣に考えてみたことがありますか。まず川の字就寝のデメリットは，親の生活のプライバシーがまったくないことです。メリットは，親子のスキンシップの関係といえるでしょう。しかし，それが毎日となると，習慣化してしまい逆効果になっていませんか。親のプライバシーを犠牲にすれば，川の字就寝で子どもに心の平安を与えるのは簡単ですが，ひとりで不安や恐ろしさを乗り越えられるような，自律に結びつく強さを育ててやることのほうが必要ではないでしょうか。それは別の見方をすれば，子どもがピ

ンチに陥った時，必ず親が助けに来てくれると最後まで子どもが信じているような，強い親子間の信頼関係ができているかどうかとも関係してきます。

　欧米の親は，子どもの就寝時に寝室に入って本を読んだりお話をするなど，毎日子どもに直接向き合って過ごすことで子どもの不安を取り除き，そうすることによって親子の絆を強め，子どもがひとりで生きられる力を育てようとしています。

　個室というだけで不安を抱き，ふすまや障子で気配がわかることにこだわったり，子どもの不在時に，机の中を勝手に片づけたり掃除したりして，子どもに不審感を抱かせていないでしょうか。それらはいっとき，親の心にちょっとした平安をもたらすかも知れませんが，深いところで親子の信頼関係を少しずつ傷つけているといえます。幼時から子どもを一人の独立した人格として扱う親の養育態度こそ，最も貴重なものだといえます。

　国際化の波によって，好むと好まざるとにかかわらず，日本の親にも子どもにも，個としての生き方が問われるようになっています。それにもかかわらず，多様性，独創性，個を尊重するという子育てが忘れられています。それは遠回りのようでも，異分子を排斥するいじめをなくすことにも通じるところがあります。

　子育ての最終目標は，精神面，生活面，経済面での健全な親離れです。身の回りの整理・整頓をはじめとして，いつまでもパラサイトのままでいることはできません。子どもの生きる力を信じて，異なる人格をもつひとりの人間として，子どもと接しましょう。自律を文化から学び難い日本では，空間という道具を使って，他者との関係を保つことを子どもに教えていく必要があります。

　日本の親はどんな子どもに育てたいと考えているのか，養育目標をもう一度明確にすることから考えてみましょう。みんなと同じでなくても大丈夫です。それぞれの子どもの未来は，それぞれの子どもが自らつかんでいくべきものです。子どもが自分の頭で考え，自由に歩けるようにしてやるところまでが親の役割です。みんなと違っているところこそ，大きく伸ばしてやりたいものです。

(3)　アメリカの親の養育態度の特徴

　欧米の親の養育態度は，社会的に一致しているとともに，具体的なやり方ではどの家もみんな違っており，多様性がみられるのが特徴です[17]。特にアメリカの親の養育目標は安定しており，社会的に一致度が高く通念化していますが，具体的なやり方や門限の時刻などは，各家によって大きく違い，その内容も千差万別になっているのが特徴です。

　幼児期の躾は，自己主張に向けての前段階として，何が食べたいのか，何が欲しいのか，意思表示させることに重点がおかれています。また，マナーやリーダーシップなどの社会性を身につけさせることも重視されています。日本の幼児期の躾は，こぼさず食べることや，衣服の着脱やボタンをかける

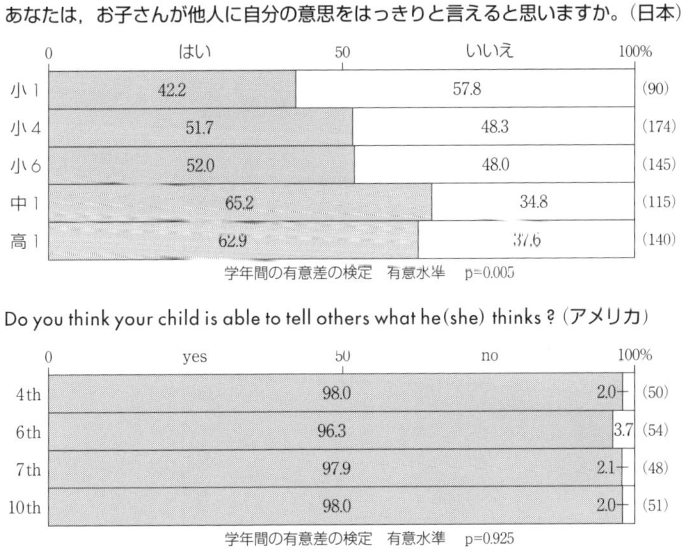

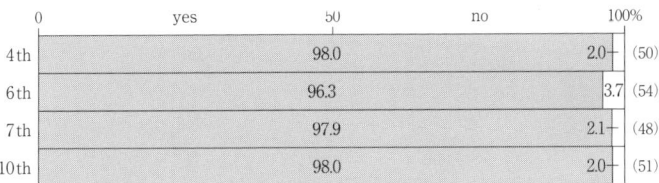

あなたは，お子さんが他人に自分の意思をはっきりと言えると思いますか。（日本）

Do you think your child is able to tell others what he(she) thinks？（アメリカ）

図2-9 あなたの子どもは自己主張できますか？（アメリカ）

など，生活面の自律に重点がおかれています。どちらも重要ですが，躾のスタート時から，欧米の方針とは大きく違いがみられます。

　親の養育目標で第1にあげられているのは，子どもが「他人へ自己主張できるようにする」ことです。アメリカの親のほぼすべてが，一致して自分の子どもは自己主張できるとしています（図2-9）。
　第2には，その自己主張を支えるために，子どもに自信をつけさせていることです。「なんて素晴らしい子なの」などと，褒めて自信をつけさせています。親は徹底して子どもを褒めることで，self-esteem（自尊心）を養っています。そしてどの親もすべて，自分の子はどんな場面でもしっかり自己主張できていると信じています。
　第3には，家庭での躾が，ルールに基づいていることです。ルールを破ったときに罰が与えられることは，どの家庭でも共通しています。子どもを自室に閉じ込めて反省を促すやり方は，一般的によく行われています。子どもを寝室に閉じ込めて反省を促すことも共通しています。また，ルールの具体的な内容は，各家庭独自の考え方で異なっているという点でも，社会的に一致しています。
　しかし，ルールの具体的な内容は，その家庭独自の考え方で異なります。ルールを破ったときの罰の内容も家庭によってさまざまです。例えば，どの家にも門限はありますが，門限の時刻は夜中の12時だったり，夕方の5時であったりと，親の判断で違いが大きくみられます。門限を守らなかったときの罰の内容も，家によって違っているのが当たり前で，他家のやり方を気にする日本とは対照的です。
　第4には，子どものために自己を見失わない母親の態度があります。極端

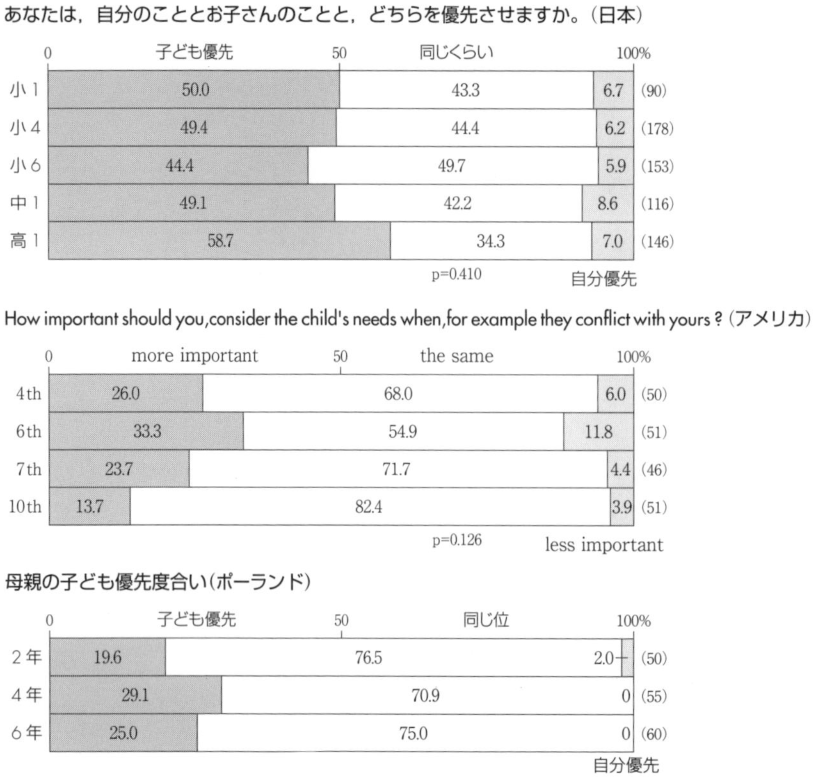

あなたは，自分のこととお子さんのことと，どちらを優先させますか。(日本)

	子ども優先	同じくらい		
小1	50.0	43.3	6.7	(90)
小4	49.4	44.4	6.2	(178)
小6	44.4	49.7	5.9	(153)
中1	49.1	42.2	8.6	(116)
高1	58.7	34.3	7.0	(146)

p=0.410　自分優先

How important should you, consider the child's needs when, for example they conflict with yours? (アメリカ)

	more important	the same		
4th	26.0	68.0	6.0	(50)
6th	33.3	54.9	11.8	(51)
7th	23.7	71.7	4.4	(46)
10th	13.7	82.4	3.9	(51)

p=0.126　less important

母親の子ども優先度合い(ポーランド)

	子ども優先	同じ位		
2年	19.6	76.5	2.0	(50)
4年	29.1	70.9	0	(55)
6年	25.0	75.0	0	(60)

自分優先

図2-10　母親の子ども優先の度合い

な子ども優先や母子密着がみられず，自分のことより子どもの世話をしているほうが何よりも楽しみと考える人は，少数派になっています(図2-10)。

　第5には，親の権威が強いということがあります。親の権威の強さが，親子の力関係を支配しています。そのため，親が子どものことを勝手に決めたり，友だち選びに干渉しても，子どもは文句を言わずに従うのが一般的になっています(図2-11)。しかし，高校生ともなると，子どもの意志が尊重され，ひとりの大人として扱われていることがうかがえます。子どものほうにも，自分で責任を負わなければならないという心構えが見られます。

　第6に，子どもは，家の手伝いをすることで，家族の一員として認められるようになります。

　第7には，父親が子どもの養育に参加することが，あげられます。

　こうした親の養育態度の社会的一致が，さらに子どもの自律を促す役割を果たしています。明確な子育て目標が示されておらず，子どものプライバシーも意識されていない日本の子育てとは，随分違いがみられます。このような親の養育態度の違いを直接反映しているのが，子ども部屋の扱い方だといえます。

　子ども部屋の掃除や寝具の整理，衣類の収納などまで，子ども部屋のすべ

あなたのことをお母さんが勝手に決めたとき，どうしますか。（日本）

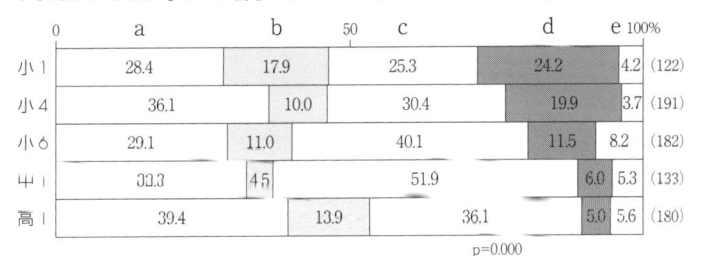

	a	b	c	d	e	
小1	28.4	17.9	25.3	24.2	4.2	(122)
小4	36.1	10.0	30.4	19.9	3.7	(191)
小6	29.1	11.0	40.1	11.5	8.2	(182)
中1	33.3	4.5	51.9	6.0	5.3	(133)
高1	39.4	13.9	36.1	5.0	5.6	(180)

p=0.000

a) わけを聞いてわかればする
b) 文句を言ってしない
c) 文句を言いながらする
d) 親の言う通りにする
e) 聞き流す・無視する

Do you follow what your mother tells you to do？（アメリカ）

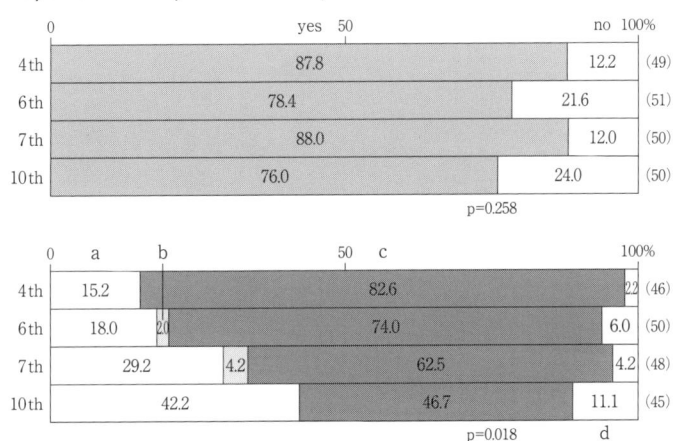

	yes	no	
4th	87.8	12.2	(49)
6th	78.4	21.6	(51)
7th	88.0	12.0	(50)
10th	76.0	24.0	(50)

p=0.258

	a	b	c	d	
4th	15.2		82.6	2.2	(46)
6th	18.0	2.0	74.0	6.0	(50)
7th	29.2	4.2	62.5	4.2	(48)
10th	42.2		46.7	11.1	(45)

p=0.018

a) I ask her the reason. And if I agree, I do what she says.
b) I do not do what she says because she did not tell me the reason.
c) I do without asking about the reason.
d) I do not do whatever the reason.

図2-11　親の権威

ての管理を親がしている日本や中国に対して，アメリカではすべて子どもの責任として任せています。

　来客があって客用寝室が必要になったときには，子ども部屋を明け渡させています。同じ個人主義文化圏でも，親子密着のベルギーや，子どもの世話に重点をおくドイツでは，親が管理し，ポーランドではどちらかといえば子ども管理になっています。

　まず，子どもの自律に向けて，子ども部屋を子どもの手にしっかり委ねていくことからはじめてみませんか。子ども部屋がどんなに汚くても，親は手を出さず，部屋の掃除や寝具の整理，衣服の収納などを，子ども自身の手で行う習慣をつけさせることが大切です。

3

住まいの絵本にみる幼児期の子ども部屋の使われ方

「住まいの絵本」に出てくる欧米の幼児寝室には，前述のような親の養育態度や個人主義文化の特徴があちこちに見られます。いつの時代も住まいは，そこに住む家族やその暮らし方，社会，文化などと不可分のもので，絵本の中の家や空間にも，必ずそれらが投影されていることがわかります[30)35)36)37)]。

　欧米の「住まいの絵本」には，幼児が専有や共有の子ども寝室で，きょうだいと遊んだり話したりする様子や腹を立てて閉じ込もったり，ひとりになってさまざまな空想をしたり，親が子どもにお話をして寝かしつけている日常の様子などが詳細に描かれています。1920年代の欧米の絵本にも，すでに幼児の寝室が描かれており，親の養育態度や暮らしの中に溶け込んでいる子ども部屋の使い方を知ることができます。

　Bedtime-storyは，欧米だけにみられる絵本の分野で，寝る場所としての幼児の寝室の物語といえます。幼い時から寝室でひとりで寝かせる習慣のある欧米では，幼児が寝つくまでの間，親が幼児の寝室にいてお話したり，読みきかせすることが定着しており，そのとき読む絵本やお話などを一分野としてまとめたものが"Bedtime-story"です。

　ここで「住まいの絵本」といっているのは，広い意味で絵や文から住まいや住むということについて，何らかの情報が読み取れる絵本を指しています。それには，家や建築，空間，そこに住む家族はもとより，装備や設備，建築材料，建築技術，住環境や開発，地球規模にいたるさまざまな問題を扱っている絵本などがあてはまります。また，住まいや住環境についての内容が，絵本自体のテーマではなく，副次的に扱われている場合も含めています。これまでに収集してきた約1,400冊余の「住まいの絵本」を［家］，［空間］，［共生］，［暮らし］，[建築生産]，[環境]の6つに大分類し，さらに18の中分類（**表3-1**）に区分して整理しています。

　こうした住まいの絵本は，欧米の幼児寝室の使われ方を具体的に詳しく知ることができる絶好の資料といえます。これまで欧米の幼児寝室についての調査や研究，日常の具体的な使われ方などについての資料はほとんど見あたらず，住まいの絵本がそうした視点で取り上げられたこともありませんでした。そこでここでは，幼児寝室の日常的な使い方を知る貴重な資料として，住まいの絵本に描かれている子ども部屋のさまざまな場面を取り上げて，その使い方や役割について見ていきたいと思います。幼児と空間の関係が，わかりやすく表現されています。

表3-1　住まいの絵本の分類項目

1.家			2.空間			3.共生		4.暮らし				5.建築生産			6.環境		
①家とは	②家族	③シェルター	①個の空間	②イメージ空間	③異空間	①マナー	②共生	①日常の暮らし	②季節の変化	③暮らしの文化	④暮らしの歴史	①設計施工	②材料装備	③建築空間	①居住環境	②開発再生	③インフラ地球環境

3.1 自律を育む場として

　幼児の寝室は，欧米の住まいの絵本の中によくでてきますが，日本の住まいの絵本では皆無といえます。日本の幼児は，ほとんどが川の字就寝で，子どもの居場所も独立した寝室も持っていないためです。

　欧米の親は一般的に，経済的に許せばできるだけ早くから，子どもに寝室を与えたいと考えています。そのため，専有か共有かは別として，ほとんどの子どもが居場所としての寝室を持っています。表3-1の［イメージ空間］や［個の空間］，Bedtime-story分野に限定してみても，幼児寝室での子どもの様子を描いている欧米の住まいの絵本は，約50冊以上にものぼります。

　そこで，住まいの絵本に描かれている幼児の寝室が，M.Wolfのいうプライベート空間，すなわち子どもの自律を育む場として使われているのか，否かを検討してみました。

　子ども部屋に求められるプライベート空間としての要因には，前述してきたように，4つの役割があります。表2-1で網掛けされている部分は，住まいの絵本によく出てくる行為で，寝室で行われている幼児の行為です。これらを見ていくと，4つの機能すべてにおいて該当する行為が描かれています。このことは，幼児期にもM.Wolfのいうプライベート空間が必要であり，欧米の幼児寝室は，そうした幼児の欲求を充たすために使われていることを物語っています。

表2-1（再掲）　自律を育む子ども部屋の機能
個室の要因（プライバシーの概念）　　　　　　　　　　　　　　　　physical and social qualities

Self-evaluation Self-identity	（考えごとをする）	A	考えごとをする 空想したり，ボーとする 本を読む	aloneness quiet no one bothering you
Desire to exercise autonomy vis a vis Controlling access to the space	（空間への接近のコントロール）	B	誰も入ってこられない あなたの許可なしに誰も入ってこられない 入って来る人を選べる 誰も入ってきて欲しくない 特別な人だけが入ってきてもいい あなたが居る時に入って来て欲しくない あなたが居ない時に入って来て欲しくない 大切なものをしまう ポスターを貼る	a place that's mine no one knows where it is or where I am
Autonomy component Choice of activity	（行動の選択）	C	したいことが自由にできる そこでしかできないことをする 音楽やラジオを聴く 腹が立った時に行く ひとりになれる	It's my own place I can be alone no one bothers me I can do what I want to do
Privacy mechanism Controlling information	（狭義のプライバシー）	D	着替えをする 手紙や日記を書く 電話をする 寝る 勉強する 聞かれたくない話をする 見られたくないことをする	a desire to be alone doing a specific activity no one bothers me no one knows what I'm doing

　■□■　幼児期に求められる子ども部屋の機能

以下，それらは具体的にどのような行為なのか，そしてどのように使われているのかを，プライベート空間としての各機能について，ひとつずつ見ていきたいと思います。

(A) 考えごとをする
・空想したり，ボーとする

　[イメージ空間]を描いた住まいの絵本のほとんどが，幼児の寝室を描いたものでした。幼児が考えごとをしたり，空想したり，ボーとするのは，自分の寝室でひとりになった時が多いことがわかります。こうした内容は，従来からいつの時代にも描かれてきています。

　幼児がひとりになることや創作に熱中したり，恐怖心を乗り越えること等々が，幼児に考えごとや空想を促し，幼児の発想をかき立てていることがわかります。寝室を起点としていないテーマでは，絵を描いたりDIYのペンキ塗りなど創造的な遊びや，未知の経験に遭遇する前の緊張感などが描かれたりしています。

　これらの絵本は，幼児の寝室は子どもにとってひとりになれるという意味で，いろんなことを考えたり，空想したり，絵本を見たりする場所として，重要な役割を果たしていることを示しています。

　部屋の色や模様を思い描いたり，弱虫の自分とたたかうなど，ひとりでイ

布団のパッチワークの布から，さまざまに想いを広げる

図3-1　あたらしいおふとん(米)1984

メージをふくらませたり，空想したり反芻したりすることで，子どもの発想が広がって，self-identity が養われています。

　大きくなって大人用のベッドにかわったので，新しくつくってもらった布団のパッチワークの絵や模様から，さまざまに想いを広げているのが『あたらしいおふとん（米）1984』（図3-1）です。
　こっちはあかちゃんの時のカーテンのきれで，あそこはパジャマ。ここはお誕生日に着たワンピース。こっちは大好きだったズボン。このきれも，あのきれも覚えている。見覚えのあるきれを見ているうちに，小さな町やサーカス，湖やお花畑などに引き込まれ，女の子は大きく想いをめぐらしていきます。

　ベッドの端に腰かけて夢のことを考える『ケニーのまど（米）1956』（図3-2）でも，少年の空想や不思議へのあこがれ，驚きなど，こまかく揺れ動く子どもの心が広がっていく様子が示されています。
　「あさは，よるのほうにすわればほしがかぞえられる。よるになったら，あさのほうであそべば，ねむくならなくていいものね。ぼくなぞなぞのこたえをみつけるぞ。そうすれば──」
　楽しさや寂しさ，不安などがこめられた少年の幻想や神秘の世界への強い興味や想いが表されています。

ベッドの端に腰かけて夢のことを考える
空想，不思議へのあこがれ
図3-2　ケニーのまど（米）1956

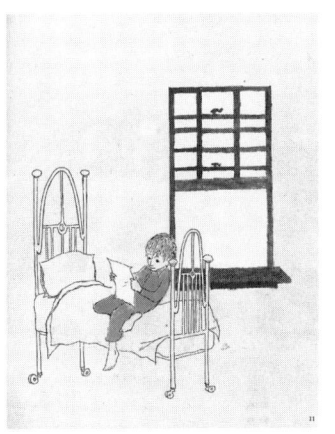

3　住まいの絵本にみる幼児期の子ども部屋の使われ方　41

部屋の模様や色を考える self-identity

あそびばの かべは まっしろに ぬって
かめさんを いっぱい かくんだ。
てんじょうは どのへやも
みんな みどりいろさ。

図3-3　おふろばをそらいろにぬりたいな(米)1956

子どもの自己主張を表現

にかいへ あがる かいだんも つくろう。
うえに あがると しんしつには
うまさんが すんでいるんだ。

おかあさんにはなしたら
「でもうちにはやねうらなん
てないはずよ」
っていうんだ
やねうらへのはしごは
ぼくしかもっていない

屋根裏にのぼって空想する
図3-4　やねうら(英)1984

　部屋の色や模様の塗り替えを考える『おふろばをそらいろにぬりたいな(米)1956』(図3-3)では，遊び場の壁を真っ白に塗って亀さんをいっぱい描いて‥‥，天井はどの部屋もみんな緑色さ。上にあがると，寝室には馬さんが住んでいるんだ。‥‥と子どもの夢と自己主張が表現されています。ぼ

42

図3-5 あと10ぷんでねるじかん（米）1998

くがつくるうちは、ゆめにでてくるおうちさ、いつもみているうちとはべつなんだよ。にじみたいなおうち。ともだちみんなが、ぼくといっしょに、そこですむんだ。

　屋根裏にのぼって冒険を空想する『やねうら（英）1984』（図3-4）では、おかあさんに話したら「うちではやねうらなんてないはずよ」っていうんだ。おかあさんは知らないんだ。だって、屋根裏にのぼるはしごは　ぼくしかもっていないから。ということで、ここでも子どもの空想が無限に広がっていることがわかります。

　また、Bedtime-story分野の絵本にも、さまざまなものが見られます。寝る前にハムスターの団体がやってくることを夢想する『あと10ぷんでねるじかん（米）1998』（図3-5）では、ハムスターの大家族がやってきて大はしゃぎしています。寝るまでの10分旅行です。おやつ食べほうだい、清潔なトイレ、ご家族連れ大歓迎です。寝るまでの10分間の1分ごとのタイムカウントに合わせてその様子が描かれており、眠りにつく前に楽しい夢でいっぱいになっている子どものこころがよく表されています。

　同じくBedtime-storyの『ぜったいぜったいねるもんか（英）2007』（図3-6）があります。両親とのお休みのあいさつの後、ねむっちゃうのはつまらない。おきてるほうが好きなんだ。ぜったいぜったい寝るもんかと決心して、本を山ほど読んだり、絵を描いたり、建築家になる夢や、手品師になる夢、ロケットで空を飛んで火星に行って、流れ星が見えたら地球をめざしてひとっとび。そして、たくさんの夢を思い描きながら、いつの間にか寝てしまう子どもの姿がみられます。

図3-6 ぜったいぜったいねるもんか(英)2007

　これらの絵本の描写から，幼児寝室は幼児が夢想したり，考えたりする場所として重要な役割を果たしていることがわかります。そして，さらに子どもがひとりになることで，自分自身と向き合い，さまざまなことをより深く考えるようになっていることを知ることができます。

(A') 日本の住まいの絵本では，考えごとをする場は
　　・空想したり，ボーとする場は

　親子川の字就寝が一般化している日本では，幼児がひとりになれる寝室も，ひとりになれる時もほとんどありません。しかし，欧米と同様に，子どもが空想したり，考えたりする［イメージ空間］を描いた日本の絵本は，16冊ほどありました。寝室を持っていない日本の幼児は，どこで考えごとをしたり，空想したりしているのでしょうか。共通していたのは，やはり幼児が「ひとりになった時」に考えごとをしたり，空想したりしていたということでした。
　日本では，親が子どもの身辺の自律を促すために，躾として子どもにひとりで行わせている行為，すなわちトイレに行かせたり，入浴させたり，留守番させたりということがあります。その時，子どもはひとりになって夢想するきっかけを得ていました。
　子どもがひとり取り残されたときの，親から離れた心細さや不安感，解放感などが，子どものイメージをかき立て，さまざまな発想を促していました。ひとりになった不安感や解放感が，積極的に考える効果を促すことにつながっているといえます。

ひとりになるのは怖いけれど，それを乗り越えるとイメージが広がっていく

図3-7　トイレさくせん（日）2006

ひとりになれるのは入浴の時

図3-8　おふろだいすき（日）1982

　ひとりでトイレに行くのがこわい，ななちゃんの『トイレさくせん（日）2006』（図3-7）では，トイレはおばけの出てくる怖い場所ですが，怖さを乗り越えると，魚たちの踊っている海だったり，魔女の宝物いっぱいの森だったりと，イメージが広がっていきます。

　『おふろだいすき（日）1982』（図3-8）では，ひとりで入浴していると，お湯の中からさまざまな動物たちが次々と現れて，一緒に入浴を楽しんでいますが，お母さんの声で動物たちはいっせいに消えてしまいます。

3　住まいの絵本にみる幼児期の子ども部屋の使われ方

ひとりになった時，自由な発想が広がる

「ええと，あなたの よくいは 40ぷんです。
オーバーすると たいへんですから，きをつけてください。
では のちほど。」
そういうと おとこのひとは，ぶくぶく ぶくぶくと
しずんでいった。

そして，ざざんと みずの うえに でてくると，
もういちど いった。
「ややや！」

図3-9　おふろ（日）2007

　風呂場で自由に発想を広げて，冒険の旅を楽しんでいるのが『おふろ（日）2007』（図3-9）です。お風呂に入る時間もきっちり管理されて，冒険の旅が組まれています。そして，次々とおかしな冒険にまきこまれていきます。

　その他にも，『おふろおばけ（日）2008』，『おふろや（日）2008』，『おふろのおふろうくん（日）2007』など，お風呂での子どもの様子を扱った絵本が多くみられ，非日常的な，不思議な出来事が描かれています。特にお風呂にひとりで入った時には，いろいろな意味で解放感が大きいからか，多様にイメージが広がっています。子どもがひとりになることで経験する緊張感が，子どもを刺激して，さらに夢想を生んでいます。

　はじめて祖父母の家に泊まってひとりになった時の好奇心を表しているのが，『おじいちゃんちでおとまり（日）2006』（図3-10）です。あまりよく知らないおじいちゃんの家にあずけられて，不安いっぱいでとまどいながらも，おじいちゃんの奇想天外な武勇伝に引き込まれていき，空想を楽しんでいる子どもの様子が描かれています。

子どもが，留守番でひとりになった時の小さな不安を描いているのが『へんてこりんなおるすばん(日)2006』(図3-11)です。母親の帰りを待ちながら，ひとりで居る不安とひとりで居る自由さに，恐ろしさを抱えながらも，心をはずませてお留守番している様子がわかります。

ひとりになれるのは，祖父の家に泊まった時

図3-10　おじいちゃんちでおとまり(日)2006

留守番した時，
ひとりになった不安感で
イメージが広がる

図3-11　へんてこりんなおるすばん(日)2006

3　住まいの絵本にみる幼児期の子ども部屋の使われ方　47

ひとりで留守番した時の不安感と楽しさ

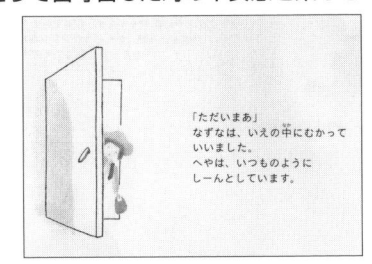

「ただいまあ」
なずなは、いえの中にむかって
いいました。
へやは、いつものように
しーんとしています。

図3-12　おかえりたまご（日）2008

大きな木のことを考えると
わくわくしてくる。
なつになったら，しろいくもがぽっかり…
ふゆ。つめたいきたかぜ，
そしてまた，あたたかいはるがくるのです。

図3-13　おおきなきがほしい（日）1971

図3-14　ミュウのいえ（日）1989

図3-15　リコちゃんのおうち(日)1998

　『おかえりたまご(日)2008』(図3-12)も，同様の内容を表しているものです。お留守番や，かぎっ子など，いずれも親が，躾や自律を促すためにさせた行為が引き金となって，子どもはひとりでいることが不安になったり，怖くなったりしながら，さまざまに考えをめぐらし，イメージをふくらませていく様子が描かれています。そして，少しずつたくましくなっていきます。
　その他にも，絵をかいたり，物をつくったりと，夢中になって何かを創っているときにも，子どもの発想やイメージが刺激されていることがわかります。
　大きな木のことを考えながら絵を描く『おおきなきがほしい(日)1971』(図3-13)や，ダンボールで造った子猫の家に入り込む『ミュウのいえ(日)1989』(図3-14)，ダンボールの家づくりに熱中している間に小さくなってしまった『リコちゃんのおうち(日)1998』(図3-15)なども，子どもの創作意欲が，次々と子どもの思考を刺激していることを表しています。
　幼児のための空間がない日本では，幼児は躾として与えられた，ひとりになった時間や空間を使って，個室にいる時と同じようにイメージを広げ，自我を育んでいる状況がみられます。

　ひとりになることが，考えたり，さまざまな発想を促す原点になっているとしている点では，欧米でも日本でも共通していることがわかります。
　しかし，これらの絵本に表されているように，欧米ではひとりになることを重視し，日常的に幼児の寝室を活用して，幼児がひとりになれる時間と空間を保障しようとしているのに対して，日本ではまだ，一般的に幼児の精神面の自律を育むことの重要性に目が向けられていないことがわかります。
　個室や親離れに向けての子育てを嫌い，意識的に避けている親の養育態度や空間の使い方の文化が，せっかく芽生えた幼児の自我や自律に向けての芽をつみ取らないように配慮していく心づかいが必要です。

(B) 空間への接近のコントロール
  ・誰も入ってきてほしくない
  ・大切なものをしまう
  ・ポスターを貼る

　どんな幼い子どもにも，大切なものをしまったり，自分の意志で他人の侵入を拒むことのできる，他人に邪魔されない，自分だけの空間を持つことの必要性が語られています。
　自分だけのプライベート空間として，他人の侵入を拒む接近のコントロール機能をもつ空間は，住まいの絵本では［個の空間］として分類している絵本群です。
　1920年代の欧米の子ども部屋の様子がわかるのが『ビロードのうさぎ(米)1922』(図3-16)です。ぬいぐるみのうさぎが，ほんとうのうさぎになれるまでの感動的な物語で，個の空間を直接描こうとしたものではありませんが，当時の上流階級の幼児の寝室の使われ方がよくわかります。
　どんなに幼い子どもにも，自分だけの空間として大切なものをしまったり，他人に侵入されない場所が必要であることを直接的に描いているのが『あなただけのちいさないえ(米)1954』(図3-17)です。それは部屋になっていなくてもよいのです。ソファーの片隅やテーブルの下だけでなく，屋外のやぶのうしろの窪みやダンボールの中など，ちょっとした所に，誰にも知られない自分だけの空間を持つことの大切さを物語っています。小さな子どもでも，他人に邪魔されない自分だけの空間を守ることが，肯定的に描かれています。

わたしのひみつのいえ

図3-16　ビロードのうさぎ(米)1922

テーブルの下を自分だけの居場所としているのが『テーブルのした（米）1997』（図3-18）です。みんなと一緒に過ごすことも楽しいけれど，誰にも何にもうるさくされずに，自分だけの小さな家を持っているのは，大人にも，子どもにもよいことだと伝えています。

自分だけのプライベートな空間として他人の侵入を拒む場所の必要性
屋内でも，屋外でもよい

図3-17　あなただけのちいさないえ（米）1954

自分だけのプライベートな空間として他人の侵入を拒む

図3-18　テーブルのした（米）1997

3　住まいの絵本にみる幼児期の子ども部屋の使われ方　51

ダンボール箱を自分の場所として主張している『はいっちゃだめ（英）1996』（図3-19）は，最終的には「あかげのこだって，はいっていいんだ。みんなのうちだもん！」ということになって，みんな仲よく入って遊びますが，入ってはいけない理由を次々に見つけだして，他の子ども達と自分との違いを主張しています。「ちびだから」，「ふたごだから」，「めがねをかけているから」，「トンネルの好きな子だから」，入っちゃだめと，個の主張がなされているという意味で，みんなで仲よく遊ぶことだけを良しとする，日本のダンボールの家『パオちゃんのなかよしハウス（日）1995』（図3-39）とは，対照的な主張がされています。

自分だけのプライベートな空間として他人の侵入を拒む

図3-19　はいっちゃだめ（英）1996

　日本で幼児期の［個の空間］を描いた住まいの絵本は，7冊ほどありましたが，そのいずれもが，ひとりの空間としてではなく，何の疑いもなくそこに友達を招き入れて，みんなで仲よくする「公の空間」として描いていました。
　日本では，自分以外の人に入って来てほしくないという，［個の空間］の主張を認めて表現した，この項目に該当する絵本は見あたりません。

(C) 行動の選択
- 叱られたときや腹が立ったとき，ひとりになって心を落ち着ける
- したいことが自由にできる

　悪いことをしたときに，子どもを部屋に閉じ込めて反省を促すのは，欧米の親の基本的な養育態度です。それは幼児期の子どもでも同じです。寝室は，欧米では子どもが自由に本を読んだり，音楽やラジオを聴いたり，腹が立ったときに閉じ込もって泣いたり，心を静めたり，そこでしかできないことが自由にできる場所として位置づけられている一方，親が子どもを閉じ込めて罰する場所としても，大きな役割を果たしていました。

　罰として寝室に閉じ込められている子どもの様子が，「住まいの絵本」にもでてきます。いたずらをして母親に叱られ，部屋に閉じ込められている間に，怪獣たちとの冒険を夢見ながら寝てしまったマックが，部屋に運ばれた暖かい夕ご飯の匂いで目をさます『かいじゅうたちのいるところ（米）1963』（図3-20）があります。子どもの寝室が，ひとりになって感情を静めたり，反省したり，しみじみと親の愛情を感じる空間としての役割を果たしている様子がよくわかります。

叱られたとき，ひとりになって反省する場所

⬇叱られて閉じ込められたマックは　　お母さんの運んでくれた夕食の匂いで目覚める⬆

図3-20　かいじゅうたちのいるところ（米）1963

『ぼくはおこった(英)1982』(図3-21)でも，叱られて部屋に閉じ込められ，怒りを爆発させたアーサーが，縦横無尽に空想をめぐらした末に，やっと怒りがおさまります。そして，どうしてこんなに怒っていたんだろうと自問しますが，さっぱり思い出せずに眠ってしまう様子が描かれています。

昔は日本でも，罰として子どもを蔵や押入に閉じ込めることがありましたが，今ではどちらかというと，家から追い出すことになりがちです。叱ったときに，親子とも心を静めて，冷静に自分をみつめる時間や空間をもつことの大切さが，さまざまなかたちで語られています。

腹が立ったとき閉じ込もる
ひとりになって怒りを静める

図3-21　ぼくはおこった(英)1982

幼児にとって，ひとりで寝る寝室は，自分と向き合う場所になっています。弱虫で友だちと遊べず，自室に閉じ込もっていたエリックが，もう一人の自分のナイトシミーに助けられて元気になるのが『ナイトシミー(英)1991』(図3-22)です。これは，幼児にも落ち着いて自分を見つめることのできる，寝室のような空間が必要であることを示しています。

友人(英米文学の学者)の話によると，アメリカでは成長の過程で，もう一人の自分を友だちとしてつくって，会話しながら育つことがよくあるそうです。そして，成長の途中でいつの間にか，もう一人の自分を卒業してしまうということです。このナイトシミーもそのことを表しているのではないでしょうか。

『ぼくはおこった』や『かいじゅうたちのいるところ』からは，悲しいときや腹が立ったときに，子どもがひとりになってこころを落ち着け，冷静に自分を見つめる時間と空間をもつことの大切さがしっかり伝わってきます。そして『ナイトシミー』には，エリックが自分の分身であるナイトシミーに助けられて，寝室で弱虫の自分と向き合うことで，自分を乗り越えて強くなっていく過程が描かれています。

　悲しいときや腹が立ったときだけではありません。子ども部屋は，してはいけないとされていることを思いっきりやっている自分を想像してみたり，思いついたしかけを現実に実現してみることができる，したいことができる場所でもあるのです。

弱虫の自分と
向き合い
強くなる

子ども部屋にこもっていた弱虫エリックが，ナイトシミーに助けられて元気になる

図3-22　ナイトシミー(英)1991

3　住まいの絵本にみる幼児期の子ども部屋の使われ方　　55

テーブルに両足をのせたり，壁に落書きしたりと，寝室でしてはいけないことを想像するよろこびを現しているのが『うちがいっけんあったとさ(米)1953』(図3-23)です。

　真っ暗な部屋では怖くて眠れないので，スイッチを切ってから明かりが消えるまでに時間がかかる配線装置を工夫して，作動するまでの過程を詳細に断面で見せているのが『あかりをけして(米)2005』(図3-24)です。その複雑なしかけが，地下室から屋根裏までの断面図で描かれており，子どもの行為が制限されない場所としての魅力が十二分に表現されています。

　したいことが自由にでき，ひとりになって心を静め，落ち着きを取り戻すことができる場所として，ひとりになれる幼児の寝室が，自律のコンポーネントを支える役割を果たしていることがわかります。

してはいけないことを想像するよろこび

図3-23　うちがいっけんあったとさ(米)1953

真っ暗な部屋では
怖くて眠れない
あかりが消えるまでに
時間がかかる
装置を考える

図3-24　あかりをけして(米)2005

(D) 狭義のプライバシー

　着替えをする，寝る，勉強する，電話する，日記・手紙を書くなど，聞かれたり見られたりしたくない行為ができる場所です。幼児にも，いわゆる狭義のプライバシーが確保できる場所が意味をもっています。

　住まいの絵本として収集できたBedtime-storyは27冊でしたが，そこには就寝時の，幼児の空間の使い方や子どもの発想，興味，就寝時の両親と子どもの行動や心理描写などが，さまざまに描かれていました。

　親子川の字就寝が一般化している日本に較べて，親子のコミュニケーションが子どもの寝室で積極的になされていることがわかります。ひとりで寝る心細さや怖さを，就寝時の両親との触れ合いを通して，ひとりで乗り越えていく様子が描かれています。幼児の寝室が，自律を獲得していく場になっており，それを支えているのが親の愛情だということが，明確に伝わってきます。

　Bedtime-storyには，夜になると世の中すべてが眠る体勢に入っているんだよ，ということだけを幼い子どもに伝えようとしているものがみられます。
　何もかもみんな眠りにつく『おやすみなさいのほん（米）1943』や『ねどこどこかな（英）2006』，『おやすみくまくん（スイス）1993』など（図3-25）です。いずれも幼い子が，ひとりで眠りにつくまでの様子を，周囲の状況とともに表しています。

寝室でひとりで寝る

Bedtime-story分野の成立

図3-25　おやすみなさいのほん（米）1943
おやすみくまくん（スイス）1993 
ねどこどこかな（英）2006

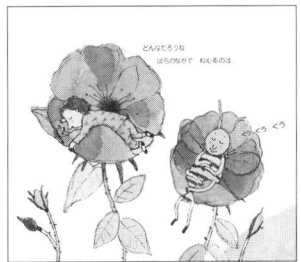

子ども達が眠るのと同じように，すべての人や動物たちだけでなく，家も，部屋も，カーテンも，椅子も，お皿も，何もかもすべて眠っているんだというメッセージを発しています。それはどの本にも共通しています。

　少しずつ室内の様子が眠る体勢に変わっていく『おやすみなさいおつきさま（英）1947』（図3-26）のように，比較的古いものから，『メイシーちゃんベッドにはいります（英）1990』（図3-27），ねむいねむいよる，ねむいねむいおうちでおきたすてきなできごと『ねむいねむいおはなし（米）2006』（図3-28）や『ぐーぐーぐー（英）2007』などのように，比較的新しいものまでたくさんあります。

幼児期から寝室でひとりで寝る

Bedtime-story
幼児期から
寝室で
ひとりで
寝る

図3-26　おやすみなさいおつきさま（英）1947　　図3-27　メイシーちゃんベッドにはいります（英）1990

Bedtime-story

図3-28　ねむいねむいおはなし（米）2006

しかし，その他にもさまざまなことを物語っているものがあります。特に子ども達を寝かせるまでの様子や，その際の親子のやりとり，ひとりで眠るのが不安で寂しい子やもっと遊んでいたい子など，眠りたくない子と寝かせようとする親のさまざまな攻防をテーマとして描いたものも多くみられます。それは，欧米の幼時寝室で，就寝時に毎日同じように繰り返されている，親子の濃密なコミュニケーションのさまざまな描写ともいえます。

　その例の一つとして『Papa!パパーッ!(仏)1995』(図3-29)があります。これは子どもの寝室で，眠る前に毎日繰り返されている親と子の日常生活を表している本です。怪獣の親子と人間の親子が，同じ寝室の同じベッドに子どもを寝かしつけ，同じように親子の触れ合いをしている様子を表したものです。同じベッドに寝ている怪獣の子と人間の子には，互いに相手の姿が見えているのですが，寝かしつけている怪獣の親と人間の親には，互いに相手がまったく見えていません。人間の親子と怪獣の親子が，まったく同じことを言ったり，したりして子どもを寝かせつけている様子が，フランス流のエスプリで表現されています。

就寝時，幼児の寝室での親子の触れ合い

怪獣の親子と人間の親子が
どちらも同じようにして
子どもを寝かしつけている

図3-29　Papa!パパーッ!(仏)1995

3　住まいの絵本にみる幼児期の子ども部屋の使われ方

個室でひとりで寝る　本を読んでもらう　　部屋までだっこで連れていってもらう

就寝時の父子の触れ合い

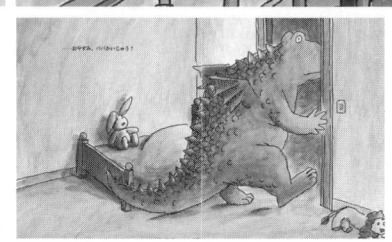

図3-30　ねんねだよちびかいじゅう!(仏)1996

　同様に，父親との触れ合いを描いた『ねんねだよちびかいじゅう(仏)1996』(図3-30)などにも，就寝時の父子の状況が描かれています。
　子どもを2階の寝室に寝かしつけようとすると，ちびかいじゅうになって反抗します。
　「だっこして部屋まで連れていって。」
　――ハブラシで水道をみがいちゃだめ！
　――いつまでもトイレにすわっていちゃだめ！
　――本棚にのぼっちゃだめ！
　――ベッドでとびはねちゃだめ！
　――また水を飲むのかい！
　――さあ，目をとじて眠むろう！
そしてさいごに，
　「おやすみ，パパかいじゅう。」

　これらの住まいの絵本を見ていると，父親や母親が毎日，子どもの寝室に入って幼児に本を読んだり，お話をしてやることは，その行為以上に，親子の絆や信頼を強めていることがわかります。幼児期につくられたこうした日常的な親子の結びつきの強さと信頼関係は，成長しても失われることはないと思われます。

欧米の住まいの絵本には，M.Wolfのいう個室の4つの機能が，幼児の行為として日常的に幼児の寝室で行われている様子がいくつも描かれていました。特に，『ケニーのまど』『あたらしいおふとん』『やねうら』『おふろばをそらいろにぬりたいな』などに見られるように，幼い子どもがひとりになって，自由に空想したり，ボーとして考えごとをしたりできる場所と時間を自由に使えることは，豊かな発想を生む基盤として重要であることがわかります。そして，幼い子どものもつ空想や不思議へのあこがれ，驚き，楽しさや寂しさ，不安などのこめられた幻想や神秘の世界への興味，強い思いなどが子どものこころを豊かに広げ，成長させていっていることがわかります。
　また，『ぼくはおこった』や『かいじゅうたちのいるところ』からは，ひとりになってこころを落ち着け，冷静に自分を見つめる時間と空間をもつことの大切さと，『ナイトシミー』では自分自身と向き合うことで，自分を乗り越えて強くなっていく過程が描かれています。そして，そのために必要なのは，ひとりになって静かに考えごとのできる，自分だけの空間なのです。

　欧米の子ども部屋は幼児期から，寝室として使われているとともに，そこでも両親と子どもが，毎日1対1で向き合う時間をもっており，子どもの精神面の成長の場として大きな役割を果たしていました。欧米の幼児の寝室は，自律に向けて親離れを実現させるための準備の場であるとともに，子どもの不安を取り除くことで，親子の信頼関係を緊密にする場としても効果を発揮していることがわかります。

　以上，個人主義文化の原点ともいえる個室の使い方は，親の養育態度を通して，幼児の寝室においても実行され，欧米の個やプライバシーの理念を子ども達に伝えていくための基盤として，現在もそのまま受け継がれ，重要な意味をもっています。
　こうしたプライバシーの4つの機能を充たすためには，立派な，広い子ども部屋がなくても大丈夫です。前にも言ったように，腹が立ったときに子どもが閉じ込もれるだけのスペース，押入ひとつ分の大きささえあれば，上段と下段で2人分の立派な子ども部屋ができます。部屋の大きさや装備を整えることが重要なのではなく，部屋の使い方を具体的に思い描いてみることが大切なのです。

3.2 コミュニケーションの場として

図3-31 ねむれないのほんとだよ(スペイン)2001

```
          寝室の役割
┌─────────────────────────────────────────────────┐
│ ひとりで寝る  →  両親との触れ合い  →  ひとりで乗り越える │
│ (怖い・心細い)    (信頼関係の基盤)     (安心・自分とのたたかい) │
│              コミュニケーション              自律        │
└─────────────────────────────────────────────────┘
```

　親子のコミュニケーションという側面から見ると，何をしてもらっても眠れなかった子どもが，お母さんに側にいてもらうだけで眠くなってしまう様子を描いた『ねむれないのほんとだよ(スペイン)2001』(図3-31)があります。
　蚊に刺されたり，ベッドから落ちたり，お日さまがとけたり，冷たい風が入ってきたりしないように，いろんな対策をしてもらっても，何でもかんでも怖くてしかたがなかった子が，お母さんにベッドの側に座って頭をなでてもらっているだけで，安心して，すぐ眠ってしまうというお話です。両親が本を読んだり，お話をしてやっているだけで，子どもは安心して眠りにつけるのです。

　『おやすみなさいフランシス(米)1960』(図3-32)には，子どもの寝室と，居間や両親の寝室を背景に，子どもとしっかり向き合っている親と子のコミュニケーションの様子が表現されています。フランシスは自分の寝室まで，お父さんにおんぶして連れていってもらいます。おやすみのキスをした後も眠れません。何度も起きだして，部屋に虎がいたり，大男が隠れているのを見つけたり，天井の割れ目から何かでてきたり，カーテンが気味悪く揺れているのを見つけて，いちいち両親に告げにいっています。そして，フランシ

就寝時の父母との触れ合い　　おやすみの挨拶　ひとりで眠る

図3-32　おやすみなさいフランシス（米）1960

　スが納得するまで，両親はそれにひとつずつ丁寧に対応してやっているうちに，いつの間にか，フランシスは眠ってしまっていました。幼い子どもと，しっかり向き合う，向き合い方のお手本を示しているような本ともいえます。

　いたずらな3匹の子うさぎと，彼らを寝かしつけるために，何度も子ども部屋に来る父母のうさぎを描いた『おやすみおやすみぐっすりおやすみ（米）2007』（図3-33）のように，愉快なものもあります。やっと子うさぎ達を寝かせたと思って，父母のうさぎが眠った後，これで思いっきり遊べるねと言いながら，子うさぎ達もいつの間にか眠ってしまうという物語です。子ども達の寝室と，両親の寝室の様子がよくわかります。

就寝時の
両親との触れ合い
もっと遊んでいたい

図3-33　おやすみおやすみぐっすりおやすみ（米）2007

3　住まいの絵本にみる幼児期の子ども部屋の使われ方　63

その他にも，『ぜったいぜったいねるもんか』(図3-6)や，『Papa! パパーッ!』(図3-29)，『ねんねだよちびかいじゅう』(図3-30)などから，子どもを寝かせるための就寝時の空間の使い方や，子どもの発想，興味，就寝時の両親と子どもの行動や心理描写などがうかがえ，両親との触れ合いがひとりで眠る子どもの不安や心細さを克服させ，親への強い信頼を育んでいることがわかります。

祖父の家に泊まった時　ベッドの下に何かいる？

祖父の子どもの時の回想

図3-34　ベッドのしたになにがいる(米)1983

　また，祖父の家に泊まりに行った子ども達に，祖父が子どものときに同じようなことをしたことを回想しているのが『ベッドのしたになにがいる(米)1983』(図3-34)です。怖いお話を読んでもらった後，祖父の家のベッドに入ったきょうだいが，馴染みのない部屋で抱いた心細さや不安は，古今東西共通しているものであることを表しています。壁に映る影や聞きなれない小さな物音，虫の飛ぶ音や犬の動く気配まで，すべてが恐ろしく，おばけや怪物に思えるのです。新しい環境やひとりになることで，そうした思いを経験し，乗り越えていくことで，子ども達は強くなり，成長していくのだという祖父の述懐が楽しく述べられています。

子ども部屋を，親子の触れ合いの場として活用することが大切です。幼い時から，親が子ども部屋に出入りして積極的に子どもとつきあうことで，親子の信頼関係を緊密にすることができます。また，子ども部屋の管理を子どもに任せることで，自律への一歩を踏みださせることができます。日本の子ども部屋は，親が出入りしてはいけない空間のように誤解されています。子ども部屋は，子どもとのコミュニケーションをとる場でもあります。

　子ども部屋を掃除するなら，子どもが居るときにしましょう。そして，子どもに積極的に手伝わせることから始めましょう。ベルギーの親は驚くほど，頻繁に部屋に出入りして，子どもと遊んだり，学校の出来事を話し合ったりして，コミュニケーションを図っています。高校になれば，将来のことや人生について語り合うなど，話題は尽きません。ベルギーの親は，成長した子どもが道を踏み外さないように導くことは，親の責任であると考えています。

　なぜか日本では，親子のコミュニケーションは，リビングやダイニングだけでするものと考えられてきました。そして，親は家事作業をしながら，子どもの様子がわかることを大変重視しているように感じられます。日本の親は日々の生活の中で，子どもと直接向き合うことを避け，別のことをしながら時々子どもの様子を見ることで安心し，満足感をもつように思われます。

　同じようなことは，親子川の字就寝についてもいえます。日本では，畳の空間を背景とした添い寝の文化を肯定的にとらえる素地があります。そのため，驚くことに中学生や高校生になっても，子どもが嫌がらない限り川の字就寝が続けられています。場の共有が，親のほうにも子どものほうにも，一体感と安心感を高め，子どもの自律に向かう芽をつみ取ってしまっているのではないでしょうか。

　親が子どもにぴったり寄り添って関わり続けることをよしとする日本の文化が，この問題の大きさを気づかせにくくしています。そしてさらに，世話型コミュニケーションに見られる日本文化特有の生活習慣や，明確な養育目標をもたない親の養育態度が，道具としての子ども部屋の使い方を見失わせてしまっています。

　その反動としてなのか，子ども部屋は，日本では親が入ってはいけない聖域になってしまっています。欧米では，親が子ども部屋を明け渡させたり，子どもと遊んだり話したりするために，積極的に子どもの寝室を活用しています。

　いずれにしても，まず子ども部屋を活用することから始めましょう。欧米の親は，子どもが幼い時から，就寝時には必ず子ども部屋へ入って，子どもと向き合い，本を読んだり遊んだりして，積極的に子どもと接することに意義を見いだしています。

3.3 協調性を獲得させる場として

　自我の獲得とともに協調性の獲得も，子どもの精神面の成長にとって達成すべき重要な課題です。日本の住まいの絵本では，協調性だけに視点が当てられ，本来の個の空間の必要性にまったく触れられていないのが特徴です。個の空間を取り上げていても，すべてそこに友達を連れてきて，公の空間として使っています。

　ダンボールで作った自分の家に友達を招いて遊んでいるのが『わたしのおうち（日）1982』（図3-35）です。『たろうのひっこし（日）1983』（図3-36）では，たろうが母親にもらった古いじゅうたんを自分の部屋に見立てて，そこに友達を呼んで仲よく遊んでいます。また，葉っぱに囲まれた屋外の茂みにつくられた空間に，テントウ虫や蝶々を招いて虫たちとみんなで仲よく遊んでいるのが『はっぱのおうち（日）1989』（図3-37）です。

個の空間は，日本ではみんなで仲良くする空間

図3-35　わたしのおうち（日）1982

図3-36　たろうのひっこし（日）1983

日本では，幼児に個室は不要であるというのが社会通念になっています。その一方で，協調性が重視される傾向があるため，住まいの絵本に出てくる子ども部屋は，みんなで遊ぶための空間として描かれています。日本の住まいの絵本では，［個の空間］としているのは，ひとりの空間を意味するのではなく，そこに友達を招き入れて，みんなで仲よく遊ぶ「公の空間」として使うことが強調されています。「〇〇ちゃんの部屋」といいながら，個を重視する描写はなく，友達を呼んできて遊んでいるのが定番になっています。つねに協調性の重視に視点が当てられ，欧米の場合と大きな違いがみられます。

　友達が集まってみんなでなかよしハウスをつくる『がんばれ！ねずみのおてつだい（日）1992』（図3-38）。ダンボールで作った家に集まって，みんなで遊ぶ『パオちゃんのなかよしハウス（日）1995』（図3-39）や，みんなでツリーハウスをつくる『ティモシーとサラのきのおうち（日）1997』（図3-40）では，いずれもみんなで遊ぶ「公の空間」づくりが強調して描かれています。

葉っぱのおうちで，いろんな虫さんと仲よくなる

図3-37　はっぱのおうち（日）1989 　　図3-38　がんばれ！ねずみのおてつだい（日）1992

友だちを呼んできて，みんなで仲良くする空間

図3-39　パオちゃんのなかよしハウス（日）1995

3　住まいの絵本にみる幼児期の子ども部屋の使われ方

図3-40 ティモシーとサラの
きのおうち（日）1997

　欧米の住まいの絵本には，協調性の獲得を表していると思われるものはなかなか見あたりません。強いて言えば，『はいっちゃだめ』（図3-19）では自己主張を表していますが，最後には「あかげの子だってはいっていいんだ。」と自分の都合で協調性を発揮しているものがあります。協調性は，自己主張と対立する表裏一体の概念ととらえることができます。cooperationやconciliationの側面から相違点，利害などを譲りあい，共通の目的や目標に向かう概念ととらえられます。

　欧米では，共生を取り上げている住まいの絵本がたくさん見られます。共生symbiosisは，人や組織や集団などが，互いに個々を大切にしながら共存していく概念といえます。個々を大切にするということは自分だけでなく，他人をも個人として大切にすることです。自分のことばかり考えて共生や連帯の精神が欠けていると，社会は衰退してしまいます。

　共生の考え方は，子ども部屋の問題と直接関係しませんが，子どもの精神面の成長にとって不可欠です。

　そこでここでは，子ども部屋の番外編として，社会におけるさまざまな共生のあり方を示している住まいの絵本を紹介しておきたいと思います。

　日常の暮らしを考える中で，**自分と他との関係**をどのようにつけていくかが，共生を分類項目として取り上げた意図です。**他とは，単なる人だけではなく，隣人や村，町，階層，社会，国**まで含めて考えることができます。またそれは，**動物や植物との関係**にも及ぶと考えられます。ここでは，人と人との間の相手に対する礼儀のような守られるべき基本的な関係で，社会的に暗黙にルール化されているものを［マナー］，他を［共生］ととらえています。
［共生］は，a. 人や集団との共生（人と人，人と集団，集団と集団）
　　　　　　b. 環境との共生（自然や動物とともに生きる）
　　　　　　c. 社会での共生（仕事や生きることの意味，個の獲得）

　ここで紹介する住まいの絵本は，［共生］のa.とc.に分類しているものです。

3.4 共生を学ぶ（番外編）

　個の空間ではなく共生の視点から，人と人の関係など社会での共生を取り上げている住まいの絵本を紹介します。

　『プールとセバスティアン（仏）1987』（図3-41）は，車に住んでいるジプシーの子とマンションに住んでいる上流階級の子が，どちらもお母さんに，あんな子と遊んではだめと言われてから，知らんぷりするようになりました。でも遠足で雨やどりした小屋に2人がおいてけぼりになった時，服を取り替えっこしていたので，お母さん達はわが子を間違えてしまいました。それがきっかけで，今ではお母さん達も仲よくなって，プールとセバスティアンは，車の中でもマンションでも楽しく遊べるようになりました。社会階層や違った境遇にいる相手とも，ちょっとしたきっかけで，そうした違いを超えた関係が結ばれることを物語っています。

　隣人とのつきあい方を描く『おとなりさん（米）1979』（図3-42）は，お隣に引っ越してきた人と馴染みになって，親しくつきあうようになるには，いろいろな意味で時間がかかるということを語っています。お隣さんとつきあいたいと思っている人どうしでも，快くつきあっていくためには，お互いに最低の礼儀を守る必要があります。隣家に行ったり，来てもらったりするためには，不快を与えないように，まず自分の家をこざっぱりさせるなど，相手への思いやりが大切であることを伝えています。

図3-41　プールとセバスティアン（仏）1987

人と人の関係のつけ方

図3-42　おとなりさん（米）1979

3　住まいの絵本にみる幼児期の子ども部屋の使われ方

人間の子とねずみの子との交流

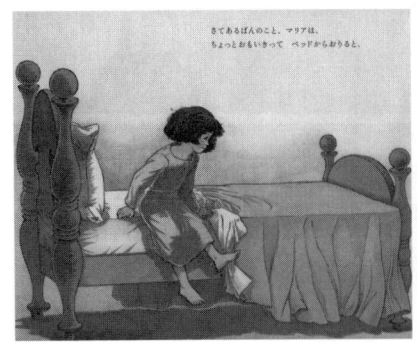

図3-43　ないしょのおともだち（米）2007

　人間の子とねずみの子の交流を描いた『ないしょのおともだち（米）2007』（図3-43）があります。マリーとマリー家に住んでいたネズミは，人間とネズミという立場の違いはあっても，ふとしたきっかけでとても仲よしの友達になりました。そして，大人になったマリーの子どものマリアと，ネズミの子どものネズネズもまた，同じ家に住んで内緒のお友達になっています。

　人と恐竜など異なる相手との共生を示す『マメンチザウルスはわたしんち（日）1991』（図3-44）では，恐竜を家で飼うという思いもよらない発想が，，日常を非日常にしてみんなを喜ばせています。マメンチザウルスが子ども達を背中に乗せて道路をひとまたぎにして，歩道橋の代わりになったり，道に寝そべって通行止めにしたりと，ご近所の人気者になっています。異質集団のつきあい方の難しさを逆手にとって，奇想天外で愉快な話にすることで，どんな相手に対しても，必ずお互いに受け入れられるつきあい方があることを，わからせようとしています。

図3-44　マメンチザウルスはわたしんち（日）1991

欧米の文化の基盤には，古くから「個人や集団はそれぞれ異なる」という認識が浸透しているためか，日常生活においても，つねに異なる相手とどのように意見を調整してなかよく生活していくか，ということが課題になっていると考えられます。こう考えると，協調性と共生の概念の違いはどこにあるのか，疑問になってきます。

　本来，協調性は相違点や利害などを譲りあって，共通の目標に向かうことであり，共生は違った生物が一緒に棲むこと，共存することと考えられています。そう考えると，個を強く意識しているという点で，M.Wolfのいう社会的な自己の獲得とは，やはり協調性の獲得を指していると考えられます。協調性は，個の獲得と表裏のものとして扱われています。

　欧米の住まいの絵本では，共生に視点が置かれ，協調性を学ばせるというよりも，違った生物がともに生きるという共生の考え方が，社会での生き方として，もっと大きな視点から取り上げられています。

　共生を描いた住まいの絵本は，日本13冊，欧米21冊あり，なかでも社会で生きることや仕事の意味，個の獲得などを深く掘り下げているものは，日本には『こころの花たば』の1冊しか見つからなかったのに対して，欧米では5冊と比較的多くみられます。

　『ルピナスさん（米）1982』（図3-45）と，『こころの花たば（日）1998』（図3-46）は，図らずも同じテーマの欧米版と日本版といえます。

　子どもの頃，アリスは世の中をもっと美しくするために何かをするという，

仕事や生きることの意味・個の獲得

図3-45　ルピナスさん（米）1982

おじいさんとした約束を守るために，それをずっと考え続けて成長しました。大きくなって図書館で働いたり，南の島に行ったり，遠くの国々にも行きました。そして，ある年の春，ルピナスの花の種をまくことを思いつきました。村や町や海岸のあらゆる所に種をまき続けました。今では「ルピナスさん」と呼ばれるようになったアリスは，子ども達に遠い国々の話をきかせて，「世の中を美しくするために何かしなくては」と語り続けています。それが『ルピナスさん』です。

『こころの花たば』は，山を削ってつくった石の山のような町に引っ越して来たひとりぼっちのおじいさんが，町を花でいっぱいにするために，小さな女の子と一緒に花の種をまき続けた話です。

そして春になると毎年，芽がでて，町は花いっぱいになりました。冬になって，おじいさんが亡くなってしまった後も，春になるとまた，町のあちこちに花が咲き，町の人たちはおじいさんのことを思い出しました。

花を植えることで，世の中を美しくしようとしたひとりの女性の生き方と老人の生き方に託して，生きることの意味が表現されています。

その他に，心をこめて仕事をすることとは，どういうことなのか。人形づくりを通して，その意味を伝えようとしている『ゴールディーのお人形（スイス）1969』（図3-47）や，世界中の人々を幸せにするために，世界を征服した大統領が，実は世界で最も弱い国に支配されていたという『せかいでいちばんつよい国（英）2004』（図3-48）があります。

『ゴールディーのお人形』は，人形づくりを通して，ひとつひとつ心をこめて丁寧に仕事をしているゴールディーの生き方を示すとともに，同じように素晴らしい仕事をしてつくられた中国製のランプを紹介することで，自分

図3-46　こころの花たば（日）1998

が信じる素晴らしい何かをつくり出すために，黙々と働いている人の美しさと尊さを表しています。

『せかいでいちばんつよい国』は，世界中の人々を幸せにするために，いろんな国へ戦争をしにいった大統領のお話です。どの国も大きな国に負けてしまい，最後に残ったのはとても小さな国でした。その国には兵隊がおらず，大きな国の兵隊はお客のように歓迎されました。兵隊達はひまなので，料理や畑仕事を手伝ったりして仲よくなりました。そして，ふるさとに戻っても，小さな国の料理や服装や遊びまではやるようになりました。

戦争をしかけた大きな国の大統領が，息子にせがまれて歌った歌も，全部あの小さな国の歌だったというものです。

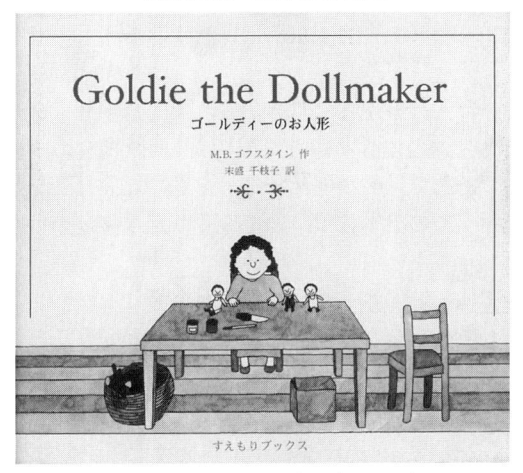

仕事や社会で生きることの意味
個の獲得，家からの自立

図3-47　ゴールディーのお人形（スイス）1969

生きることの意味・強いこととは？

図3-48　せかいでいちばんつよい国（英）2004

3　住まいの絵本にみる幼児期の子ども部屋の使われ方

冒険の旅で家から自立して個を獲得したカールじいさんの『カールじいさんの空飛ぶ家（米）2009』（図3-49）は，心の通う仲間の大切さを知らせています。

　子どもの頃，冒険家にあこがれていたカールじいさんが，家から自立するまでの物語です。妻に先立たれたカールじいさんは，思い出のぎっしり詰まった家でひとりぼっちで暮らしていましたが，老人ホームからの迎えを避けるために，風船を屋根につけて，家ごと冒険の旅に出発しました。ひょんないきがかりで，バッジを集めていたラッセル少年がその旅に同行することになりました。さまざまな苦難を乗り越えて，無事冒険の旅から帰ったカールじいさんは，家を失いましたが，心の通い合う仲間を手に入れ，ラッセル少年は新しいバッジをひとつ獲得しました。

　西欧社会で生きていくための，異邦人の葛藤と創造性を描いた『あたらしいともだち（スイス）2007』（図3-50）には，生きることの意味と喜びがあふれています。

　ラフィーとモーは，社会からはじき出されたアウトサイダーです。町に溶けこめず，ずっと友達のできなかった2人は，西欧社会の中の異邦人として表されています。そして，アウトサイダーを認めない社会を痛烈に批判しています。その反面，この絵本には，物をつくりだす喜びやいたずら心があふれています。

　これらの絵本では，いずれも社会で他人と協調しながら生きるということについて，すなわち仕事をしたり生活したりするということの意味や，個の獲得や家からの自立など，人が生きるうえで大切な，さまざまなことを，は

個の獲得

冒険の旅で家からの自立
図3-49　カールじいさんの空飛ぶ家（米）2009

げしく，そしてやさしくさりげなく伝えようとしています。

　子ども部屋は，自律に向けての親離れを実現させる場であるとともに，子どもの成長とともに，親と子が語り合う場として使うことで，さらに大きな役割を果たすことができます。欧米の「住まいの絵本」には，子どもの寝室での描写が多く見られ，就寝時の子どもの行動や心理，子どもの発想や興味，子どもの日常的な生活行為など多様な内容をうかがい知ることができました。

　欧米においても子ども部屋の歴史は浅く，日本の約100年程度に対して，フランスでもせいぜい200年前後だといわれています。しかし，現在その空間としての使われ方は，大きく異なる方向を指しています。親の養育態度とも相まって，欧米の子どもの寝室は，子どもの自律を助ける空間としてうまく機能しています。

　特に絵本において，Bedtime-storyが一分野として成立しているということは，欧米における子どもの個室の成立と深く結びついており，幼児を寝かせるときの親と子の緊密なコミュニケーションが個室で行われ，根づいていることを物語っているといえます。

　日本の子ども部屋を，子どもの自律を促す空間として適切に機能させていくためには，日本の親の意識の変革が必要です。なによりもまず，子どもをひとりの人格をもった人間として認めていくことが，その第一歩です。

仕事や社会で生きることの意味

図3-50　あたらしいともだち（スイス）2007

4

成長段階における子ども部屋の事例研究

ここで紹介するのは，これまで世界の子ども部屋の調査やフィールドワーク調査をしてきた中で，家庭訪問した際に親に話を聞きながら，子ども部屋の家具や設備などのセッティングや使い方を，筆者自身の手で実測し図面化してきたものです。そうして採取した子ども寝室62例を，成長段階別に0歳〜幼児期，小学生期，中学生期，青年期の4期に分類してみました。

　これらの図面の共通点を見ていくことによって，子ども部屋は年齢とともに，どのように変化していくのかを読み取ることができればと考えています。室内の写真もありますが，頁数の関係で，ここでは平面図を中心に紹介しています。写真をご覧になりたい方は，前著『世界の子ども部屋』（井上書院刊）を参考にしてください。また，事例採取時に聴取してわかった親の意見や，部屋を与える意図，養育態度などもわかるように，簡単に併記しておくことを心がけて記述しました。

|幼児期の|
|専　有　室|
|共　有　室|

1／100

＊屋根裏部屋

（1）　生後すぐ〜幼児期の子ども部屋　0〜6歳

　まず，生後すぐからの幼児期の子ども部屋8例です。子どもの寝室は，欧米では幼い時から与えたいという考え方が一般的で，0歳が最も多く，次いで3歳が多くなっています。多くの子どもは，0歳から自分のベッドで寝ているため，1人で寝る習慣が当たり前になっています。経済的に許せば，生まれてすぐ寝室を与えるのは当然であると考えられています。

　これは，子どもがひとりになることができ，自分で責任をもって管理できる場を早くから与えることは大切であるという，一般的な親の考え方に支えられています。子ども部屋は，寝室と考えられていますが，この時期にはまだ異性の共有室が受け入れられています。

＊4,400×2,800

図4-1　専有室　男2歳

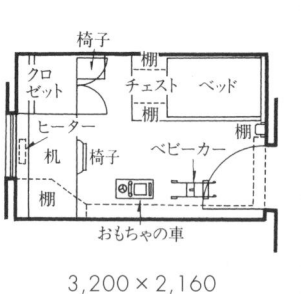

3,200×2,160

図4-2　専有室　女2歳

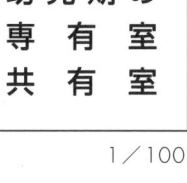

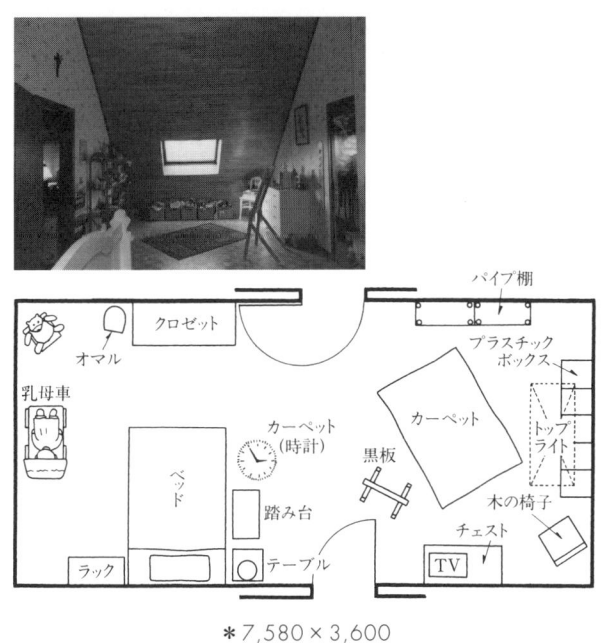

図4-3 専有室 男3歳

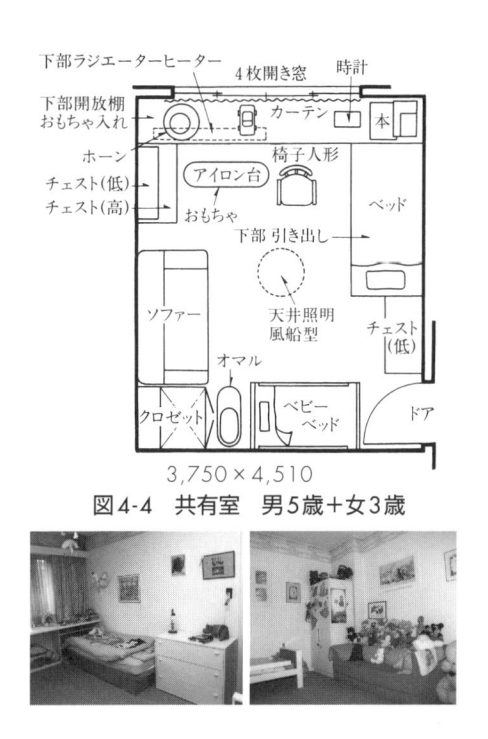

*7,580×3,600

図4-4 共有室 男5歳＋女3歳

3,750×4,510

　図4-1は，ドイツの2歳（男）の専有室です。父親は日本人ですが，母親がドイツ人であるため，子育てはドイツ流で行われています。屋根裏部屋に欧風ベビーベッドが置かれ，窓に面して，おむつを替える場所がセッティングされています。図4-2は，ポーランドの2歳（女）の寝室です。住宅事情が悪いにもかかわらず，ほとんどが子ども部屋を持っています。狭い部屋に，効率よく家具類が配置されており，成長してもベビーベッドを大人用に入れ替えるだけで使い続けることができるようにしてあります。図4-3は，ベルギーの3歳（男）の屋根裏の専有室で，入口の階段ホールの反対側に姉9歳（図4-15）の寝室があります。床面積は広いのですが，屋根裏で天井が急勾配になっているため，空間的にはそれほど大きくありません。3歳ですが，成人用ベッドが入れてあります。天井の低い部分を利用して，玩具や装飾がきれいに飾り付けてあり，子どもの個性があふれた，見ているだけで楽しい部屋になっています。子どもはそれぞれ違う個性をもっており，生まれた時から，その子の場所を必要としていると親は考えています。今はまだ幼いので，母親が部屋の管理をしていますが，子どもには管理のしかたを説明しているということです。図4-4は，ベルギーの3歳（女）＋5歳（男）の異性の共有室です。父親はダイヤモンド商，母親は経営コンサルタントのキャリアウーマンで，アントワープの3階建都市型低層集合住宅に住んでいます。将来，社交的な接触ができるようにと考えて，異性でも幼い時は共有室にしているということです。親は意識して，子ども自身で部屋を管理することを学ばせており，朝食時と就寝時に1日分の濃密な親子のコミュニケーションをとっているということです。

4 成長段階における子ども部屋の事例研究

*5,580×2,960

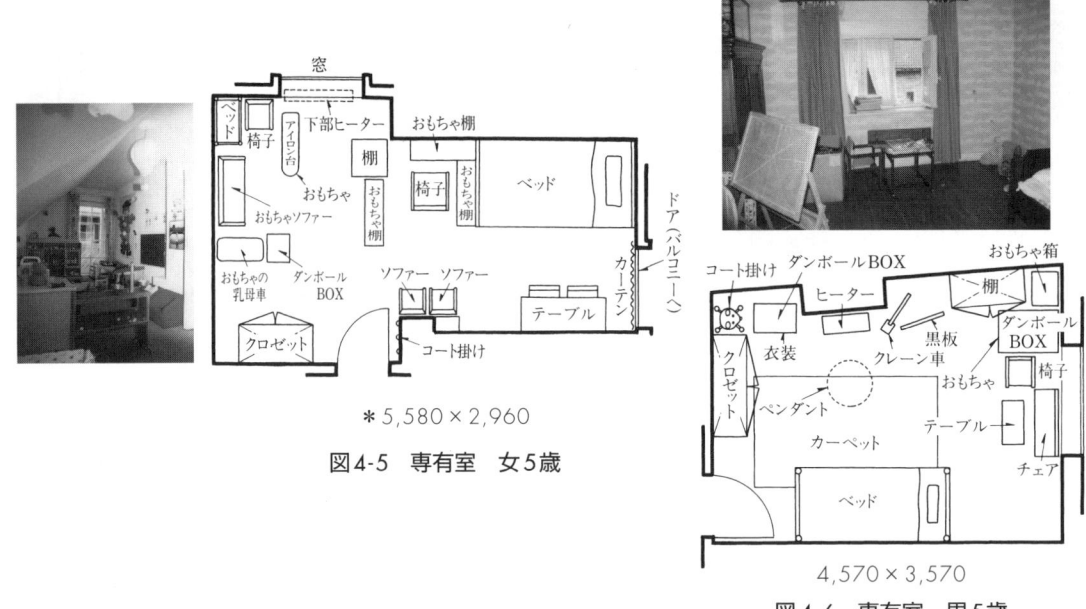

図4-5 専有室 女5歳

4,570×3,570

図4-6 専有室 男5歳

3,800×3,250

図4-7 専有室 男6歳

3,320×2,110

図4-8 専有室 女6歳

　図4-5は，ドイツの5歳（女）の専有室です。狭い屋根裏空間の特徴をうまく生かした設計です。子どもが自分で工夫して，室内におもちゃ類を配置しているため，子どもの姿が見えてきます。子どもには責任をもって管理できる場を早くから与えることが重要である，というのが親の意見です。**図4-6**は，ベルギー5歳（男）の専有室です。城のような口の字形の古い大きな農家をチョコレート工場にした家に住んでいます。子どもの寝室にも，大きく古い家具がたくさん並んでいます。親はできるだけ早く生後6ヵ月には寝室を与えた，としています。自分を信頼することを教えるために，子ども自身ができることは2〜3歳頃からさせています。**図4-7**は，ポーランド6歳（男）の専有室です。両親が構造と設備の設計事務所をやっており，一人っ子で経済的に恵まれているため，立派な設備の整った部屋を持っています。親は子どもに個室を与えることについて，特別な意見をもっていません。**図4-8**は，日本6歳（女）の専有室です。調査時には小学生になっており，姉妹がおれば共有室にしたかったということです。親は高学年になる前に，身辺のことをできるようにさせたいということです。

小学生期の
専 有 室

(2) 小学生期の子ども部屋 7〜12歳

　小学生期の子ども部屋は，22例ありました。その中で，同性の共有室が5例，異性の共有室が2例あり，その他はすべて専有室でした。この時期の共有室は，教育効果を考えて同性の兄弟，姉妹を共有にしているものが大半です。そのため，経済的に余裕のある時には，ドイツの例のように，2人で2段ベッドの寝室と遊び部屋の2室を共有させたりしています。アメリカでは，屋根裏部屋などで部屋が狭くても，ベッドを2台入れて同性の共有室にしている例が多く見られます。

　しかし，この時期にはまださまざまな事情で，異性でも共有室にしているものが見受けられます。ポーランドのように，住宅事情や経済事情が悪い反面，部屋を与えたいという強い親の意図がある場合には，異性でも共有室にしている例が見られました。そのため，共有室にしていますが，片方がリビングで就寝しているもの，共有室にベッドを2台入れているが，一方の机を居間に置いているものや，日本のように親子の愛着が強く，母親のベッドを持ち込んでいる例など，さまざまな状況がみられます。

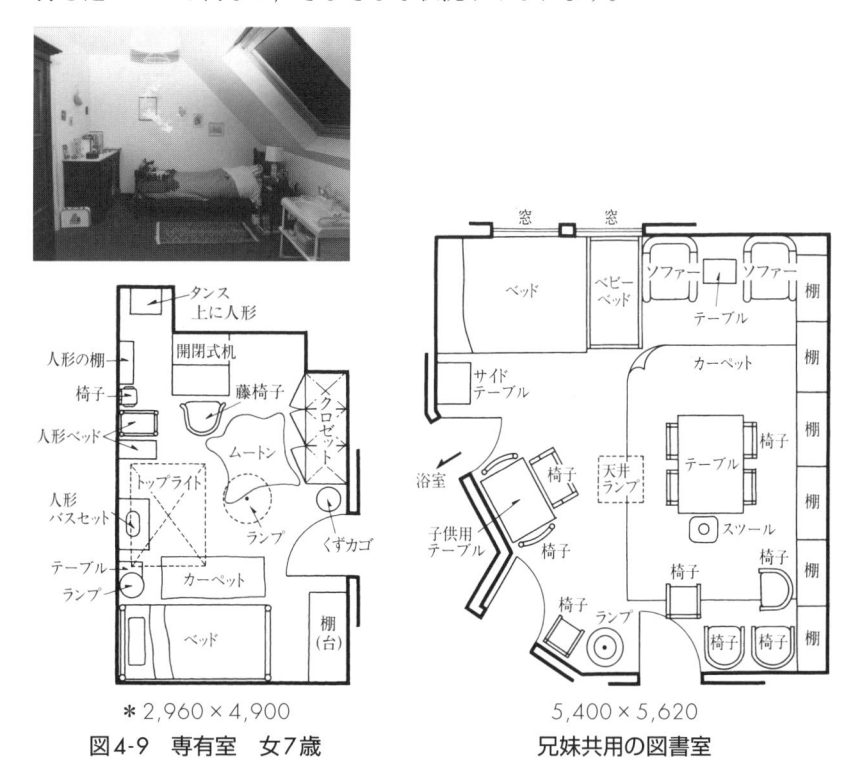

＊2,960×4,900
図4-9 専有室 女7歳

5,400×5,620
兄妹共用の図書室

　図4-9は，ベルギー7歳（女）の屋根裏の専有室で，古い重厚な家具が置かれています。寝室のほかに，兄9歳（図4-12）と共通で使う図書室が，遊び部屋として設けられており，そこに客用のベッドが置かれています。母親は教師で，家の片付けや掃除をする人を頼んでいますが，子ども部屋の管理はまだ母親がしているといいます。

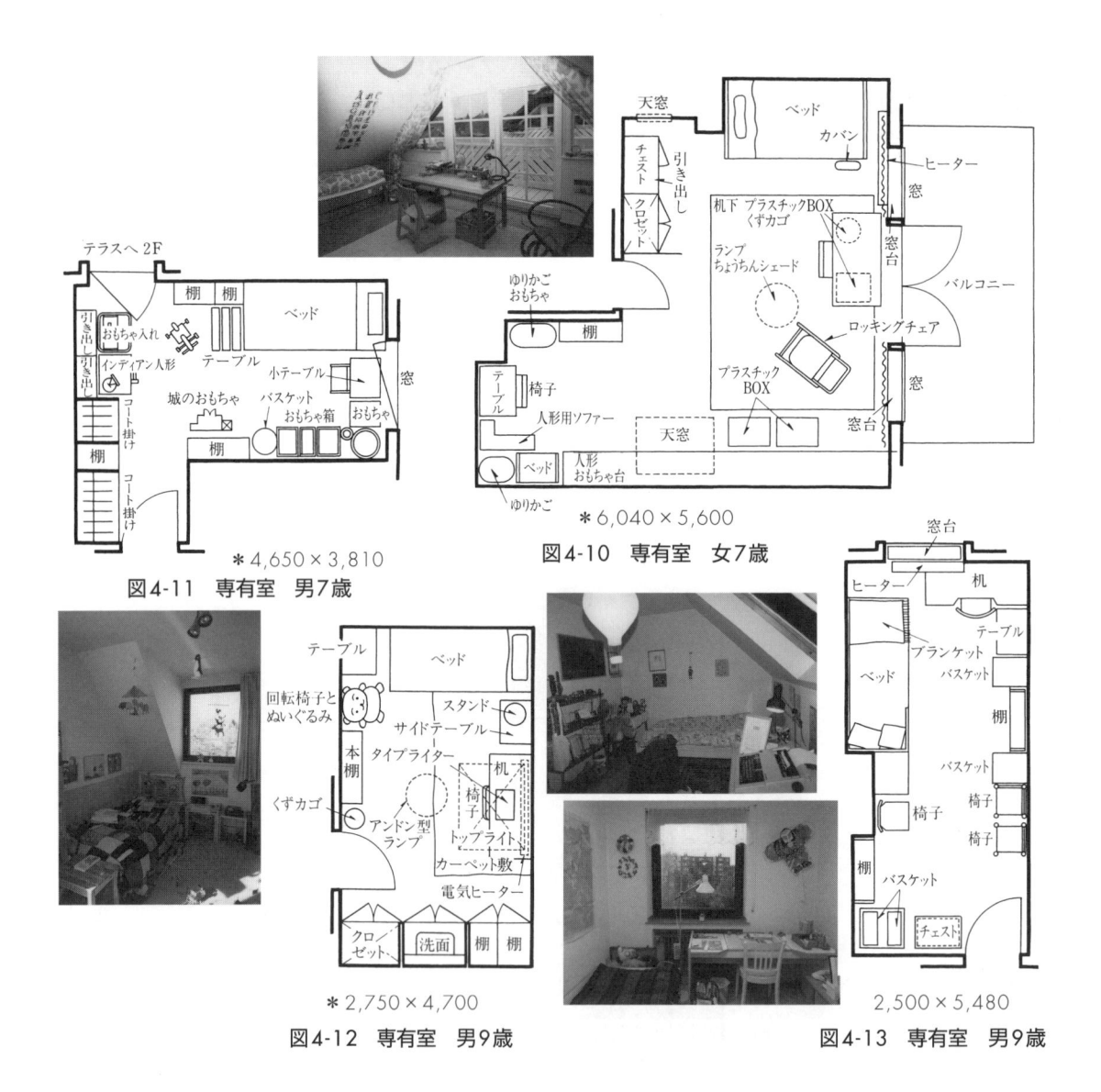

*4,650×3,810
図4-11　専有室　男7歳

*6,040×5,600
図4-10　専有室　女7歳

*2,750×4,700
図4-12　専有室　男9歳

2,500×5,480
図4-13　専有室　男9歳

　図4-10は，ドイツ7歳（女）の屋根裏専有室です。屋根裏を妹（図4-5）と分け合っています。室内がきれいに整えられています。部屋の管理は，最初は親と一緒に，それからひとりでするように躾けるべきで，掃除はまだしなくてもよいというのが親の意見です。図4-11は，ドイツ7歳（男）の専有室です。兄10歳（図4-18）も専有室で，ともに屋根裏部屋です。両親とも大学教員をしており，屋根裏の子ども部屋には，どちらにも近代的なデザインの家具が置かれています。父親は，子どもが好きな時に自分の部屋で生活できる機会を与えたいと考えています。図4-12は，ベルギーの9歳（男）の屋根裏の専有室です。屋根裏特有の空間構成と大きなトップライトで落ち着いた空間になっています。クロゼットや洗面台，収納棚などが壁面に造付けにされています。図4-13は，ドイツ9歳（男）の専有室です。0歳から自分のベッドで寝る習慣がついています。父親はドイツ人，母親が日本人なので，子育て方法や部屋の設えに日本の状況がうかがえます。部屋の管理を少しずつさせるようにしているということですが，まだ全部できていないといいます。

*3,550×2,830
寝室上のロフト

4,000×4,000
楽器用バー(地下室)

3,970×6,000
本の装丁用アトリエ

*3,550×3,880

3,400×2,200
シャワー室

図4-14　専有室　男9歳

*9,395×4,900テーブル
図4-15　専有室　女9歳

　図4-14は，ベルギー9歳(男)のロフト付き屋根裏専有室です。この他に専用シャワー室，アトリエ，地下の楽器用バーの計5室を持っています。アトリエは，本の装幀を仕事にしている母親と共用で，客用ベッドも置かれています。父親はOCSの支配人で，子どもに個室が必要であるとしており，一定の年齢になれば，親から部屋の管理を引き継がせる必要があるとしています。図4-15は，ベルギー9歳(女)の屋根裏専有室で，階段室を兼ねた楽器用の部屋をはさんで，弟の寝室(図4-3)があります。どちらの部屋も，飾りつけが非常にきれいにされているのが印象的でした。子どもには，生まれた時から自分の場所が必要であり，ひとりになることができることは大切で，誰もが違う個性をもっており，各々の方法で部屋を飾るのがよい，と親は考えています。

4　成長段階における子ども部屋の事例研究　83

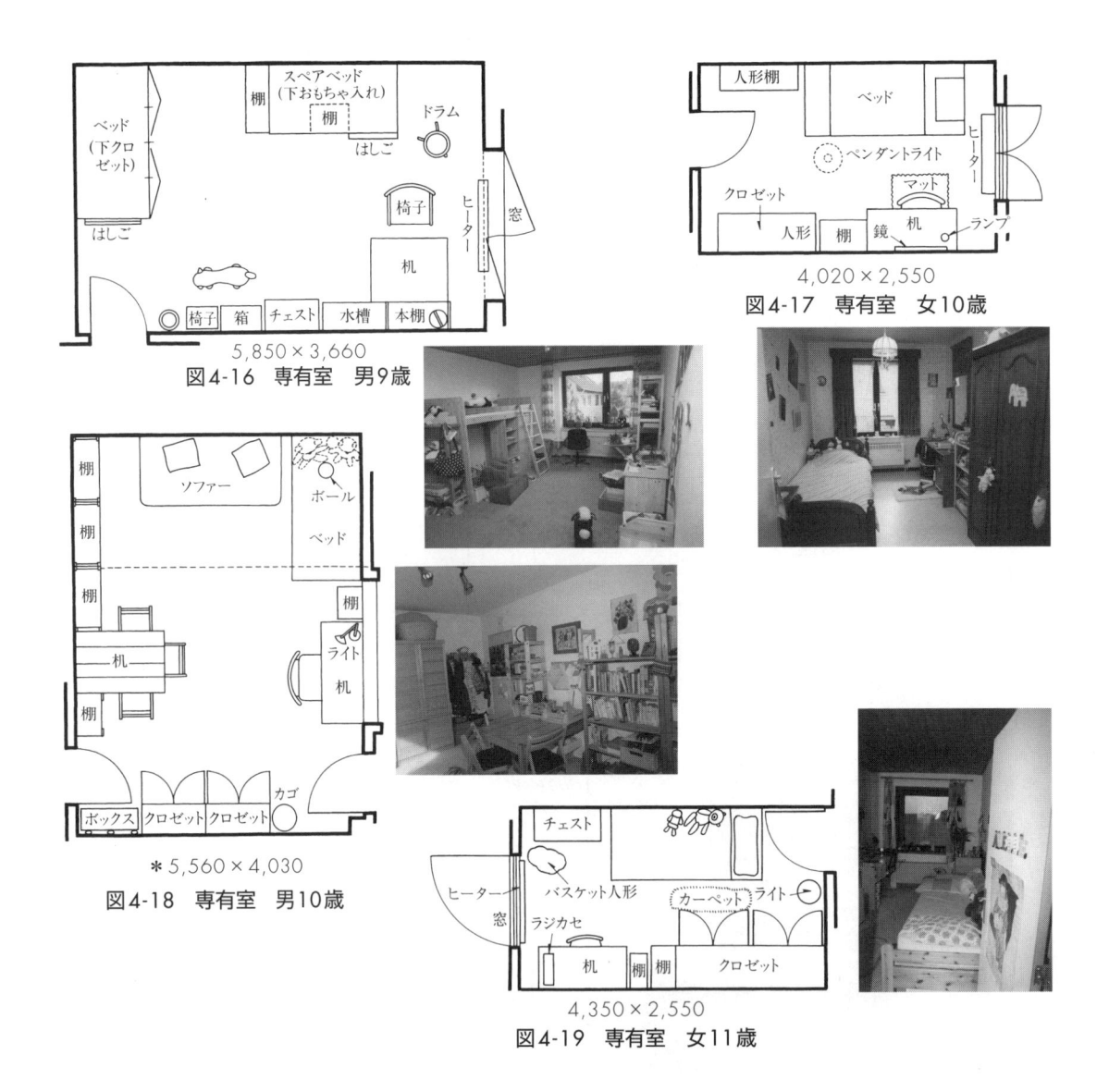

図4-16　専有室　男9歳　5,850×3,660

図4-17　専有室　女10歳　4,020×2,550

図4-18　専有室　男10歳　*5,560×4,030

図4-19　専有室　女11歳　4,350×2,550

　図4-16は，大工の父親が特別に設計して作ってくれたベッドやクロゼットのある，ドイツ9歳（男）の専有室です。姉の寝室（図4-51）も同様です。親は，子どもは8歳くらいで寝室を必要とし，使えるようになると考えています。今はまだ，親が子ども寝室の管理を手伝ってやっているということです。図4-17は，ベルギー10歳（女）の専有室です。母親は寮の先生で，13歳の姉（図4-36）は，自分で寝具の整理や片づけをしますが，妹は自分の部屋の装飾以外の掃除などは，まだ母親にしてもらっています。図4-18は，ドイツ10歳（男）の屋根裏専有室です。7歳の弟も隣に専有室（図4-11）を持っています。親は子どもに個室を与え，満足する方法で子どもが部屋の管理のしかたを見つけるのを待っているということです。図4-19は，ベルギー11歳（女）の専有室です。屋根裏部屋でない場合には，こんな形式が一般的な子ども部屋です。父親は大学教授，母親は公務員。子どもに静けさと自治権を保障するために専有室を与え，親子の就寝分離は必須であるとしています。部屋の管理は，順次自分ですべきであり，12歳になればもう少し自由を与えたいといっています。

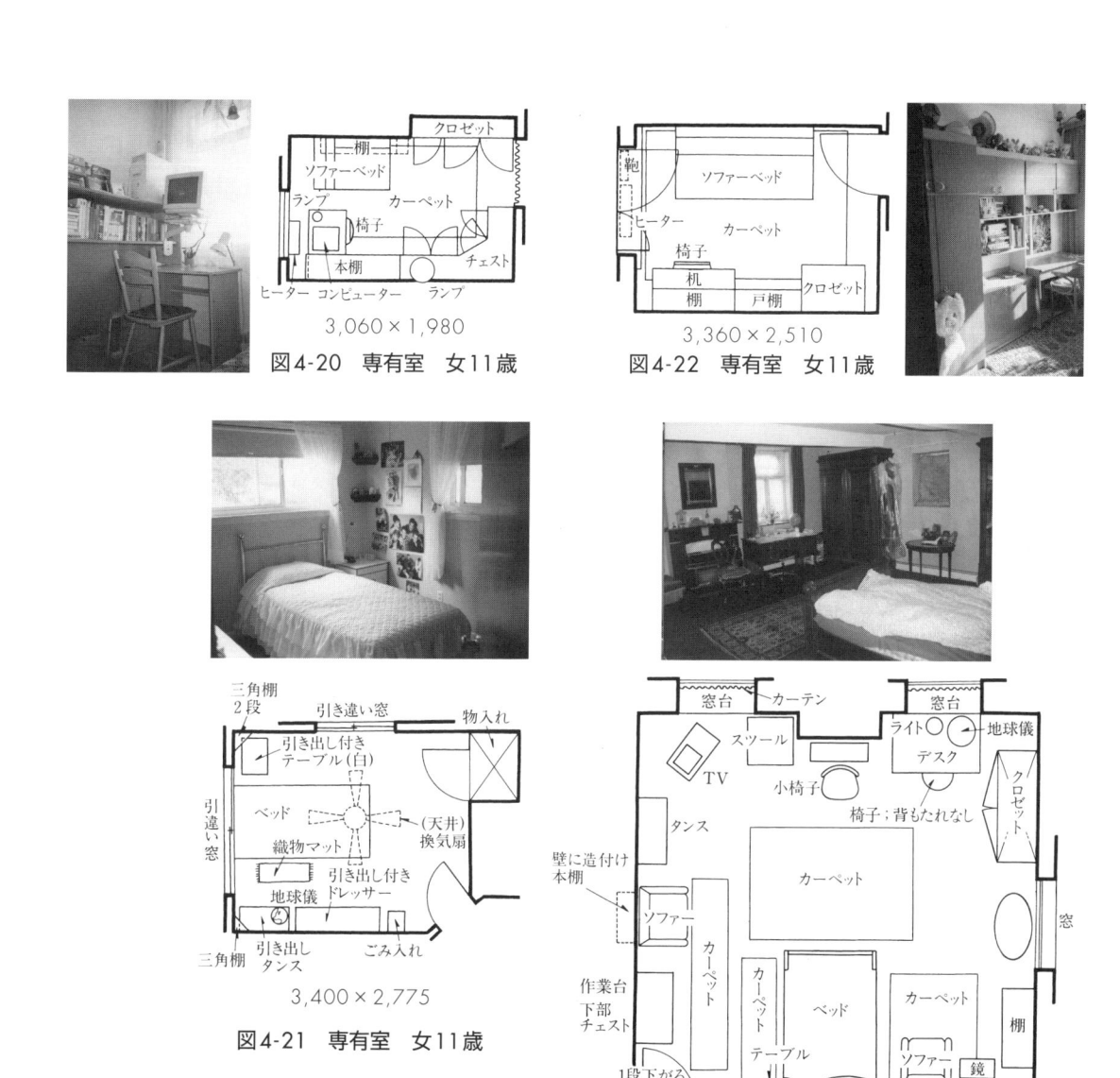

図4-20　専有室　女11歳　3,060×1,980

図4-22　専有室　女11歳　3,360×2,510

図4-21　専有室　女11歳　3,400×2,775

図4-23　専有室　男12歳　5,600×5,300

　図4-20は，ポーランド11歳（女）の専有室です。両親はともに英語とドイツ語の先生です。集合住宅で，寝室が約6m²と狭いため，ソファーベッドを置いています。0歳から専有室を与えており，掃除は子どもの役割になっています。図4-21は，アメリカ11歳（女）の専有室で，選手やスターの写真がたくさん貼ってあります。0歳から個室を与えており，自室を清潔にしておくのは，子どもの責任になっています。この他に，Den（熊の穴蔵）と呼ばれる趣味室を持っています。図4-22は，ポーランド11歳（女）の専有室です。祖母と同居で，6歳から寝室を持っており，掃除は自分でしています。親は，ひとりになれる場所は必要で大切だとしています。図4-23は，ベルギー12歳（男）の専有室です。弟（図4-6）の専有室も同様です。古い大きな農家を工場にして住んでいるので，部屋は広く，大きな古い家具がたくさん入っています。親は子どもの独立心を育むことを心がけているといいます。

小学生期の共有室

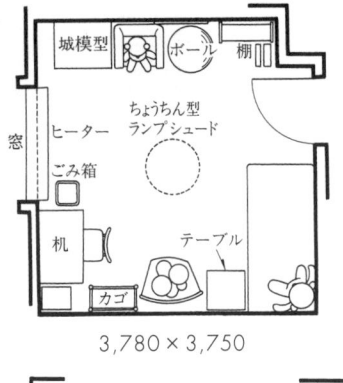

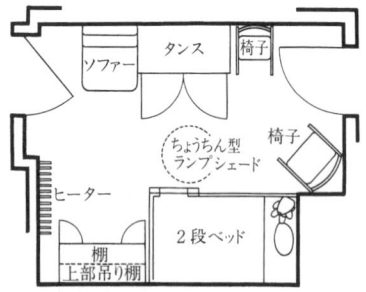

3,780×3,750

4,200×3,210

図4-24 共有室 男7歳＋男8歳

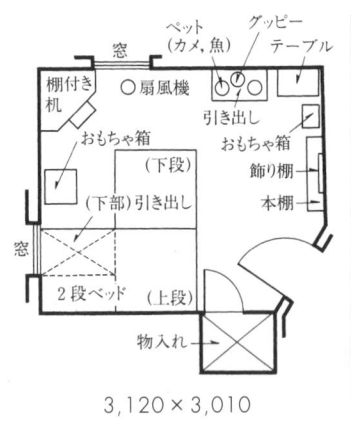

3,120×3,010

図4-25 共有室 男8歳＋男12歳

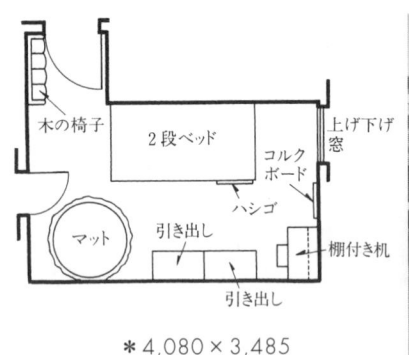

＊4,080×3,485

図4-26 共有室 男8歳＋男10歳

　図4-24は，ドイツ7歳(男)＋8歳(男)の同性共有室です。兄弟で遊び部屋と寝室の2部屋を共有しています。子ども時代は共有室にしていますが，8〜10歳頃の思春期前には，専有室にする予定ということです。今は机と部屋の片づけは子，掃除と寝具の整理は親がしています。図4-25は，アメリカ8歳(男)＋12歳(男)の同性共有室です。狭い部屋に，2段ベッドをクロス状に置いています。親は幼児期から個室を与えるべきだと考えており，今は親が部屋の管理をしていますが，子どもも手伝っています。図4-26は，アメリカ8歳(男)＋10歳(男)の同性屋根裏共有室です。離婚して父親がいないため，航空機勤務の母親が家を空ける時には，祖母に来てもらっています。共有にして余った部屋は，客室や書斎として使いたいとする母親の監督の下で，子ども達は自室の管理をかなりたくさん行っています。

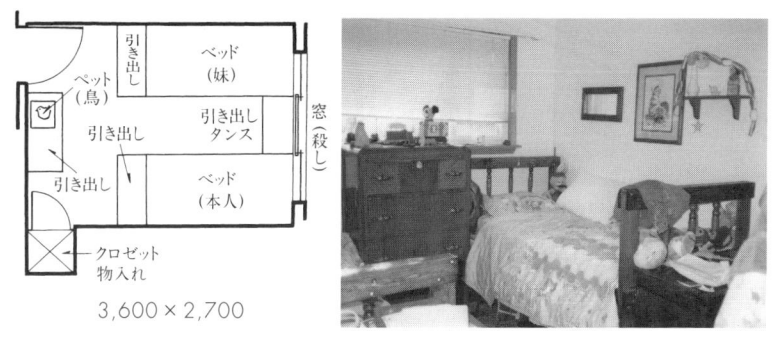

図4-27　共有室　女8歳＋女10歳

図4-28　共有室　女8歳＋男9歳

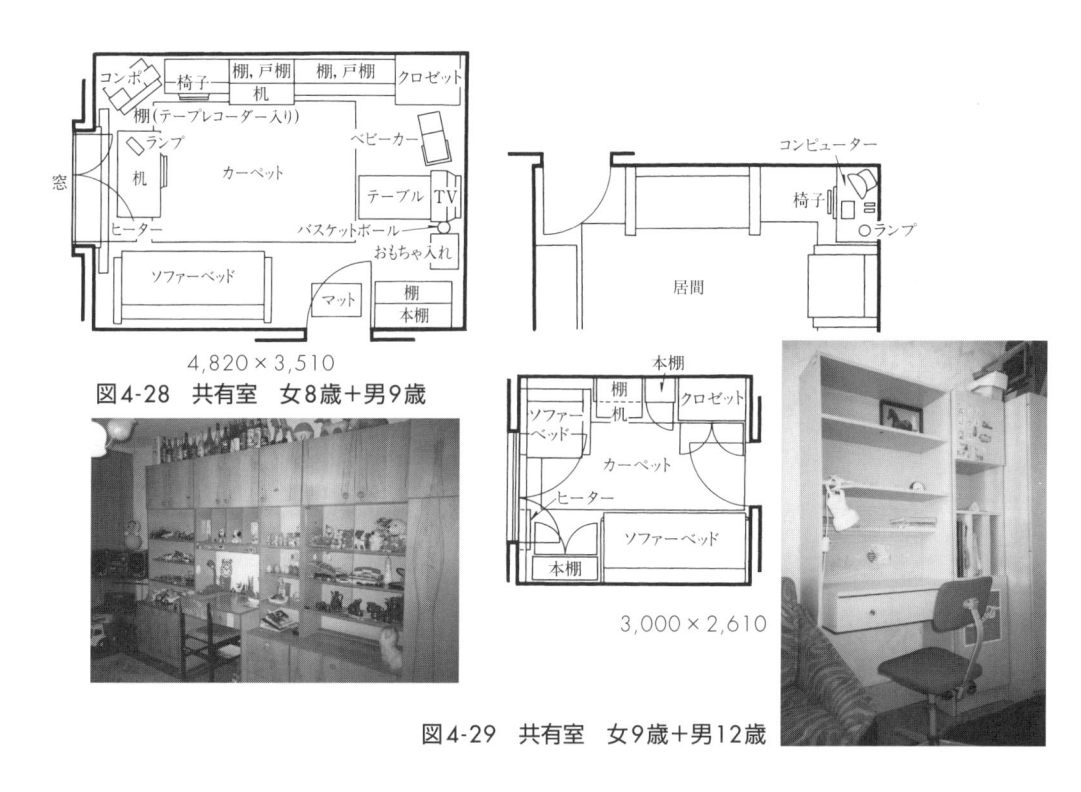

図4-29　共有室　女9歳＋男12歳

　図4-27は，アメリカ8歳(女)＋10歳(女)の同性共有室です。工場勤務の父親と専業主婦の母です。独立心のためには，専有の空間が必要であると考えていますが，掃除がされていないときは親がしています。家庭でのルールや1日の出来事を話したりして，コミュニケーションをとっているといいます。
　図4-28は，ポーランド8歳(女)＋9歳(男)の異性共有室です。父親は農夫，母親は会社員で，祖母も一緒に住んでいます。親は3歳から専有室を与えたいと思っていますが，経済的理由で共有室になっています。妹が部屋の掃除をしています。夜，兄はリビングのソファーベッドで就寝しています。図4-29は，ポーランド9歳(女)＋12歳(男)の異性共有室です。兵士だった父親は，40歳で恩給生活者，母親は専業主婦です。異性ですが，ソファーベッドは2つ入っており，狭いため兄の勉強机は居間に置かれています。子ども部屋の管理は，2人でしています。兄はひとりになれる場所を欲しがっています。

4　成長段階における子ども部屋の事例研究

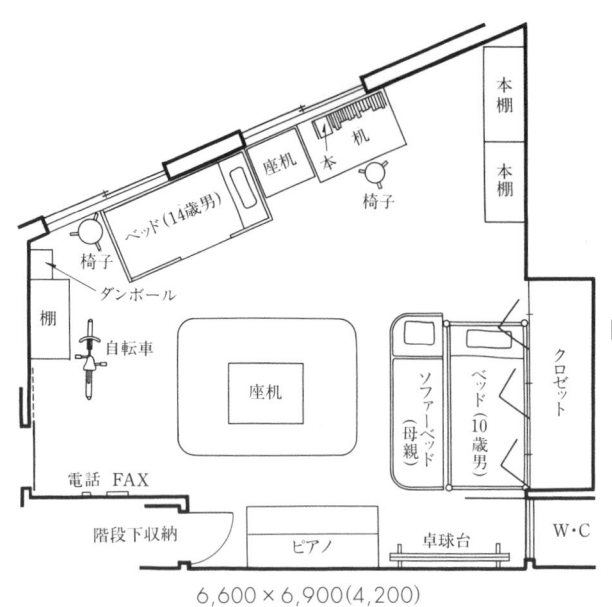

図4-30　共有室　男10歳＋男14歳

6,600×6,900(4,200)

中学生期の専有室

　図4-30は，日本10歳（男）＋14歳（男）の同性共有室です。両親はともに会社役員で，子どもに手がまわらないため，祖父が世話をしにきています。3人きょうだいで，16歳の姉（図4-55）と14歳の兄（図4-41）には，おのおの専有室があります。10歳の弟の部屋で，14歳の兄との共有の遊び部屋になっており，そこに母親のソファーベッドが設置されています。母親は，親子ともひとりでいたい時間があり，プライバシーを守ることは大切で，子ども部屋の管理を子どもがするのは当然だとしています。

(3)　中学生期の子ども部屋　13～16歳

　中学生期の事例は25例ありましたが，共有室は同性の3例だけで，その他はすべて専有室でした。寝室と位置づけられているためか，この年齢になると，異性の共有室はまったく見あたりません。15歳以上になると，すべて専有室になっており，共有室はまったく見られませんでした。年齢が上がるにつれ，室内のセッティングはシンプルになり，子どもの趣味や嗜好が明確に表現されるようになっています。

　欧米の子ども寝室を検討していて気づいたことは，アメリカとヨーロッパで，子ども寝室のクロゼットの扱いに違いがみられたことです。アメリカでは，クロゼットはすべて造付けだったのに対して，ヨーロッパではすべて家具が使われていたことでした。アメリカの屋根裏の子ども部屋には，壁面に造付けの引き出しタンスまでありました。ヨーロッパでは，暗褐色の重厚な様式家具から，近代的な斬新なデザインのものまで，さまざまな家具が使われていました。ヨーロッパで見た造付けのクロゼットは唯一，ドイツで大工の父親が娘のために造ってくれたものだけでした。

図4-31　専有室　男13歳

図4-32　専有室　男13歳
4,220×2,800

図4-33　専有室　男13歳
*3,180×3,950

図4-34　専有室　男13歳
3,210×3,050

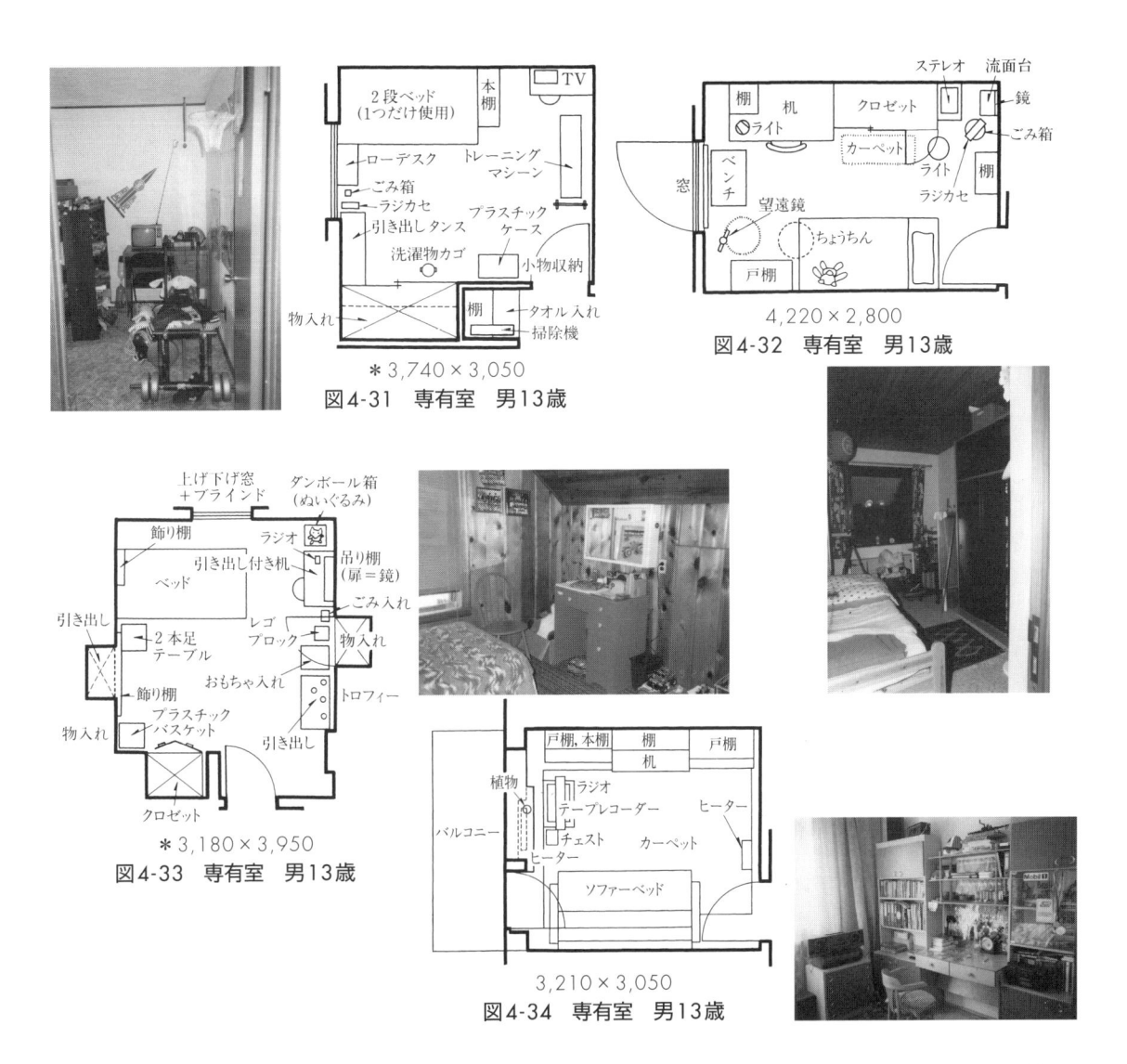

　図4-31は、アメリカ13歳（男）の専有室です。母親はバスの運転手で、プライバシーとひとりの静かな時間をもつために、子どもには寝室が必要であるとしています。2段ベッドですが、子どもは1人。部屋は子どもが自分で掃除しなければならないとしています。図4-32は、ベルギー13歳（男）の専有室です。妹も専有室（図4-19）です。父親は大学教員で、両親はほぼ同じ役割をもっていますが、父親はおもにスポーツや戸外活動をサポートするとし、親子別寝にすべきだという意見をもっています。図4-33は、アメリカ13歳（男）の屋根裏の専有室です。内壁は松の板貼り、クロゼットはもちろん、引き出しタンスまで造付けになっています。母親はスクールセクレタリーで、幼い時は寝室を共有にさせていますが、ある年齢に達するとプライバシーが必要になるとしています。母親は部屋の管理をしていません。子ども自身がするべきであるという意見です。図4-34は、ポーランド13歳（男）の専有室です。妹も専有室（図4-22）。父親は元サッカー選手で、今はバーのオーナー、母親は公務員。天井高が2.6mあり、ゆったり感がある部屋です。本人はひとりになれる場所を特に必要としないとしており、ベッドメーキングは自分でするということです。

4　成長段階における子ども部屋の事例研究

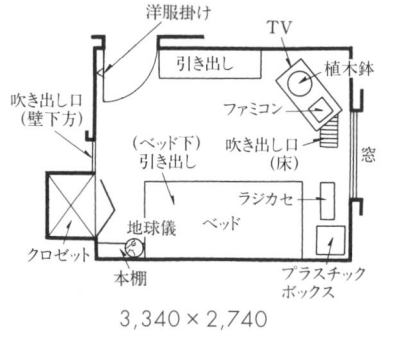

図4-35　専有室　男13歳　3,340×2,740

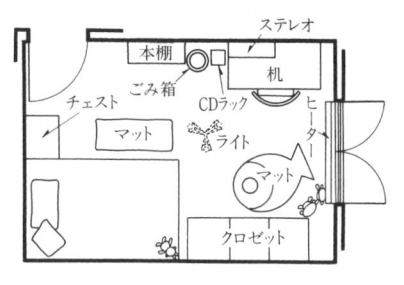

図4-36　専有室　女13歳　4,120×2,750

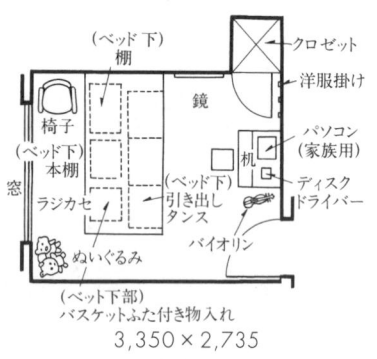

図4-37　専有室　女13歳　3,350×2,735

図4-38　専有室　女13歳　3,000×3,400

　図4-35は，アメリカ13歳（男）の専有室です。ファミコン好きの子どもと，工場勤務の父親と専業主婦の母親です。親は子どもがひとりになりたいと考え，専有室が必要としています。図4-36は，ベルギー13歳（女）の専有室です。彼女は寝具の整理や片づけなど部屋の管理をしていますが，妹（図4-17）の部屋は，母親が掃除などをしています。図4-37は，アメリカ13歳（女）の専有室です。ベッドの下に，引き出しタンスや棚などの家具を置いて利用しているため，ベッド高さが高くなっています。父親は工場勤務，母親は陶器デザイナーです。部屋をきれいにしておくのは子どもの責任なので，母親は掃除をしません。親はひとりの場所とプライバシーは必要と考えるので，可能な限り個室を持たせたいという方針です。図4-38は，ベルギー13歳（女）の専有室です。兄15歳（図4-47）と19歳（図4-59）の3人兄妹。父は農業機械販売，母はその副支配人。ひとりになったり，自分の方法で物事ができるように，親は可能な限り早く専有室を与えたといっています。

3,930 × 2,980
図4-39　専有室　女13歳

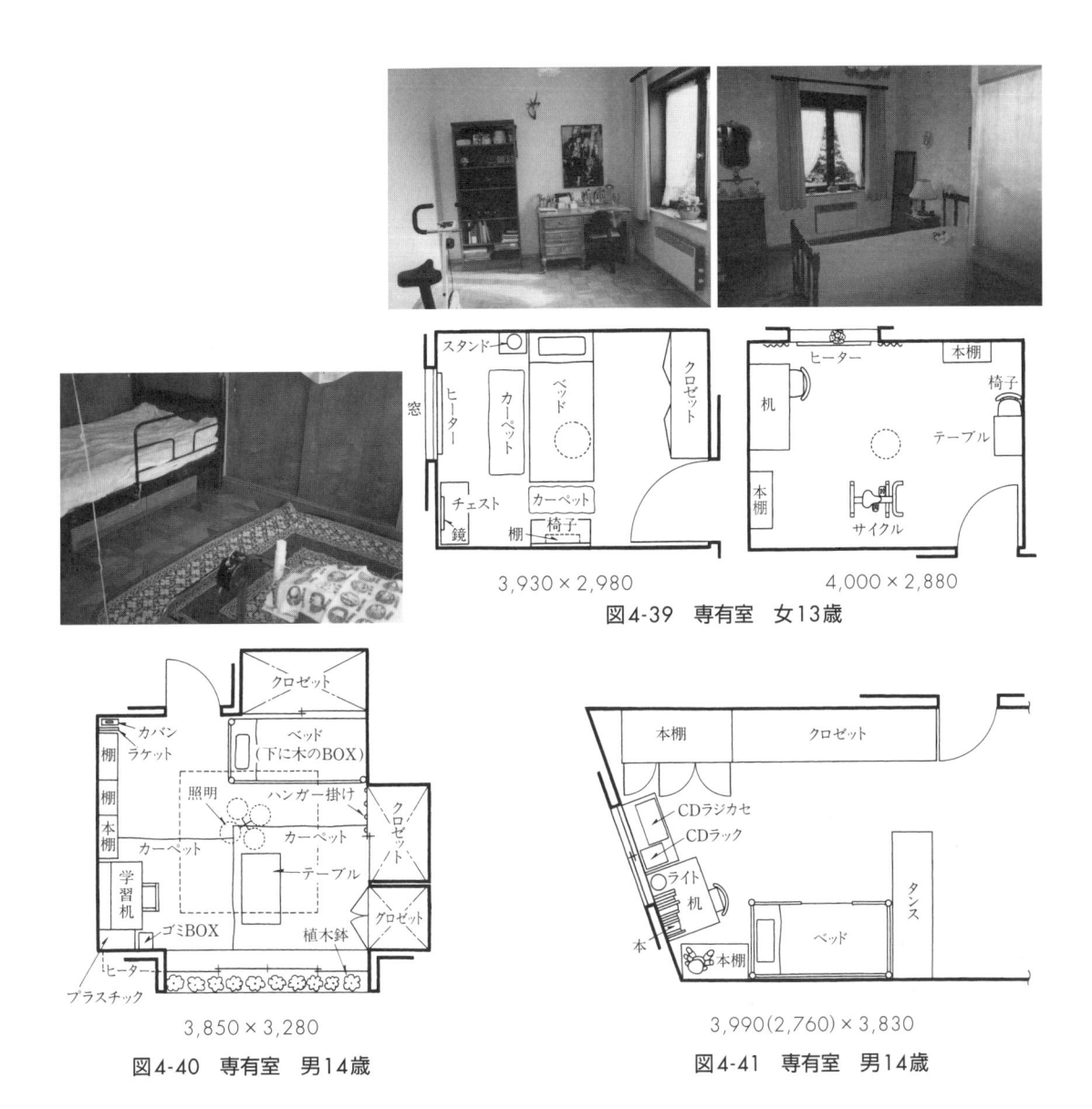

3,850 × 3,280
図4-40　専有室　男14歳

3,990(2,760) × 3,830
図4-41　専有室　男14歳

　図4-39は，ベルギー13歳（女）の部屋で，専有寝室と自転車のトレーニング機器のある勉強部屋兼スポーツ室の2室を持っています。父親は陸軍，母親は会計士です。子どもは赤ん坊の時から寝室を持つべきで，プライバシーを保てる部屋を持つことは大切であり，子どもは両親の指導にしたがい所有物の管理を教えられるべきだとしています。図4-40は，日本14歳（男）の専有室です。両親は薬剤師。幼い時は弟との共有室でしたが，年齢差があるため11歳頃に専有室にしたということです。部屋の管理は，自立を促すため子どもにさせるのがよいが，まだ母親がしているといいます。図4-41は，日本14歳（男）の専有室です。彼はこのほかに，10歳の弟と共有の遊び部屋（図4-30）を持っています。16歳の姉の寝室（図4-55）は専有室です。子どもは1日の報告や文句，要求などを一方的に母親に話すといいます。

4　成長段階における子ども部屋の事例研究

中学生期の共有室

*3,123×3,120
図4-42　専有室　男13歳

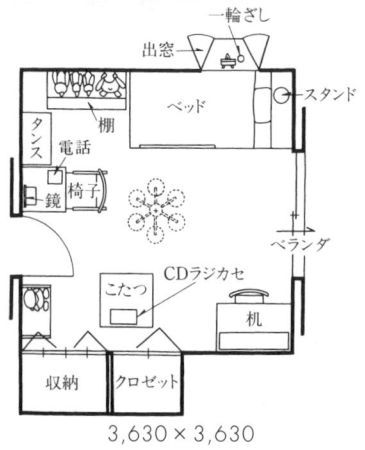

3,630×3,630
図4-43　専有室　女14歳

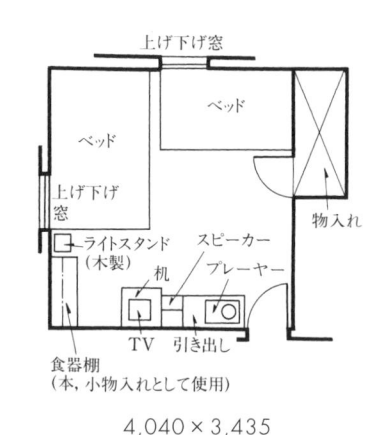

4,040×3,435
図4-44　共有室　男11歳+男13歳

　図4-42は，アメリカ13歳（男）の屋根裏専有室です。低い斜めの天井一面にポスターが貼り詰められ，子どもによる空間づくりがされています。母親は食堂勤務。子どもの個性を伸ばしてやるために，専有室にしています。洗濯以外，部屋の管理はすべて子ども自身にさせているといいます。図4-43は，日本14歳（女）専有室です。母親は公務員で，祖父母が同居しています。父親がずっと単身赴任のため，10歳頃まで母親と共用室にしていました。部屋の管理は，家族が手を出しすぎているかも知れないということです。図4-44は，アメリカ11歳（男）+13歳（男）の同性の共有室です。森の中にあるような，たたずまいの大きな敷地に建つ家です。祖父も同居の3世代家族で，父親は新聞記者，母親は教育委員会に勤めています。ポスターが室内の至るところに貼ってあります。親はプライバシーと子どもの独立のために，個室は必要であるとし，子ども部屋の管理の仕事も自分達でするべきであるとしています。

*7,665×4,720

図4-46　共有室　女10歳＋女13歳

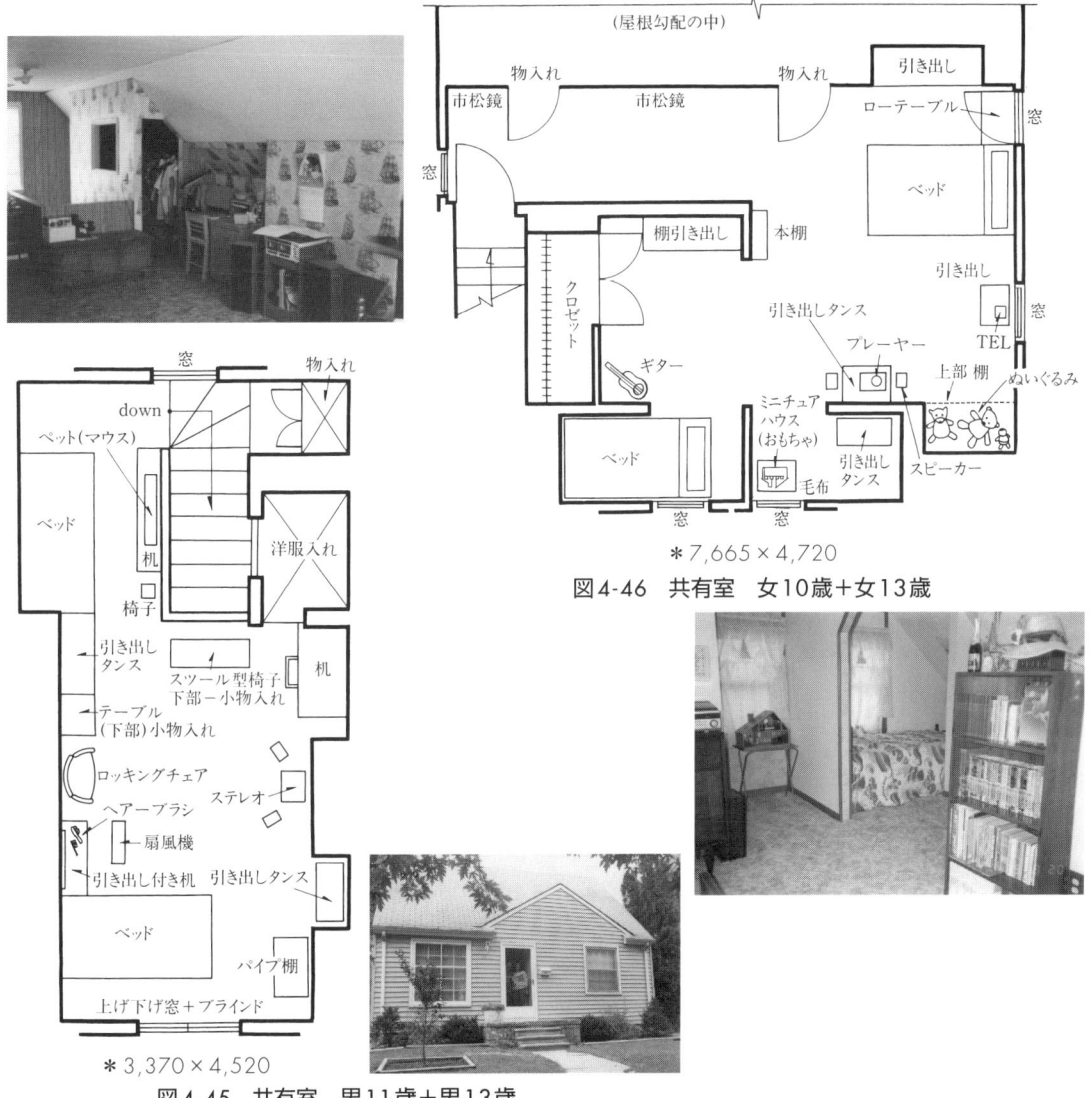

*3,370×4,520

図4-45　共有室　男11歳＋男13歳

　図4-45は，アメリカ11歳（男）＋13歳（男）の屋根裏の同性共有室です。屋根裏全体が子ども部屋になっており，外観からは平家のように見えます。造付けのクロゼットにも工夫が見られたり，各部分にさまざまな家具が置かれていて，子ども達の生活状況がうかがえます。夫婦はまったく同等に子どもの養育パートを受け持っており，幼児期から個室を与えるべきだと考えています。子ども達が自ら選択したので，共有室にしているということです。図4-46も，アメリカ10歳（女）＋13歳（女）同性の共有室です。離婚した父親が，週に一度会いに来て造ってくれた屋根裏部屋です。カーペットから壁紙まで，ピンクの雰囲気でまとめられています。屋根裏全体を使っており，アルコーブのある居心地の良い空間になっています。天井の低い部分は収納で，壁には鏡が市松状に貼りつけてあります。母親は，姉妹間に良い関係が生まれるようにと考えて共有室にしており，片親なのでできるだけ多くの仕事を分担させているといいます。

4　成長段階における子ども部屋の事例研究

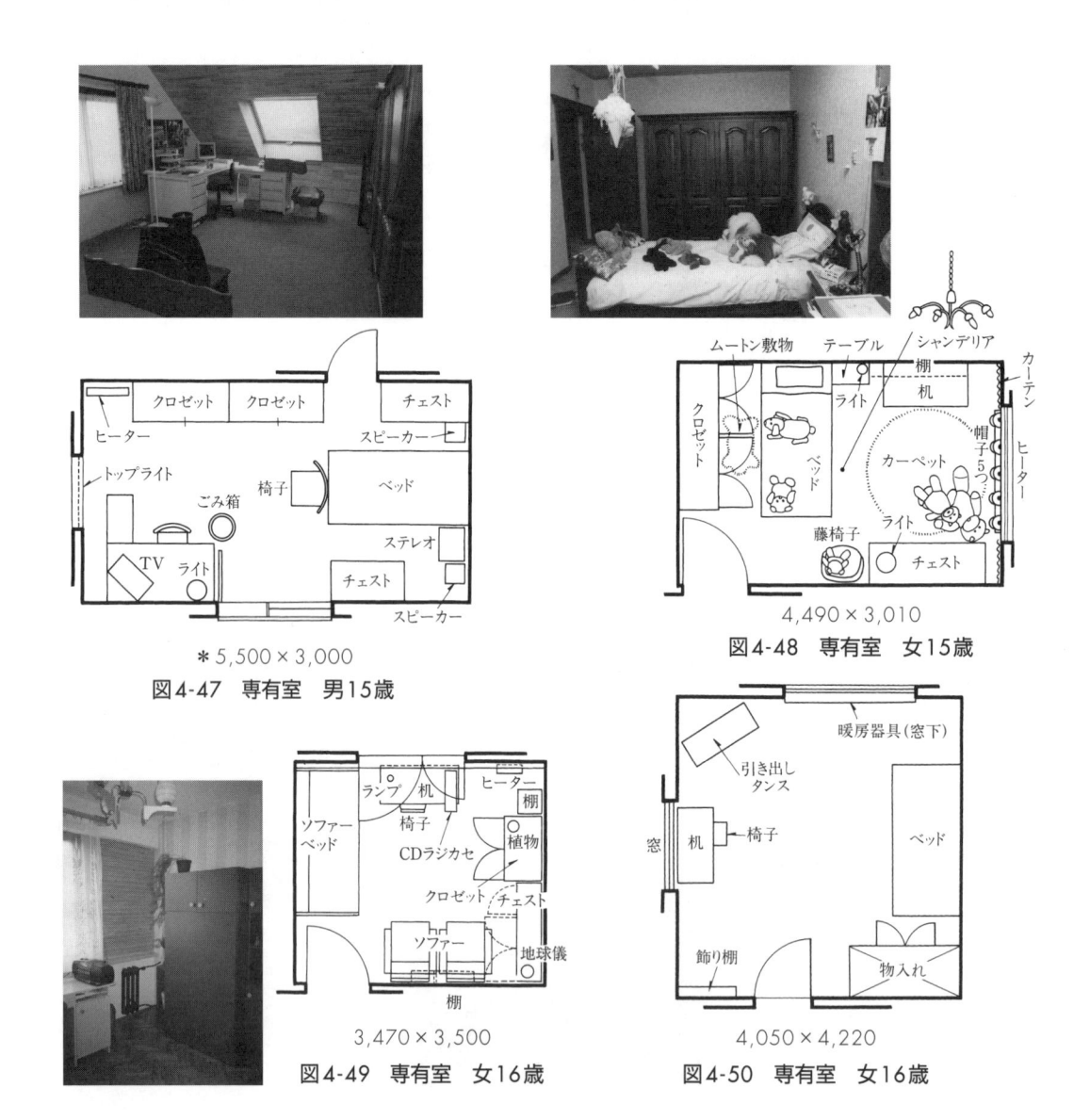

*5,500×3,000
図4-47　専有室　男15歳

4,490×3,010
図4-48　専有室　女15歳

3,470×3,500
図4-49　専有室　女16歳

4,050×4,220
図4-50　専有室　女16歳

　図4-47は，ベルギー15歳（男）の屋根裏専有室です。低い天井のトップライトが明るく，屋根裏部屋の良さがでています。3人兄妹の真ん中です。親はできるだけ早くから専有室を与えたいとしています。図4-48は，ベルギー15歳（女）の専有室です。父親は支配人，母親は秘書の仕事。親はできるだけ早く個室を与えたいとしています。11〜12歳になると，部屋の管理は子どもの責任になります。成長して子どもがドラッグなどに走るのは，親の責任であるとし，学校の送り迎えはもとより，子どもとの関係を密にすることを心がけているといいます。図4-49は，ポーランド16歳（女）の専有室です。父親は建設会社をしており，母親は教師です。19歳の兄（図4-61）が部屋の扉や棚類のペンキ塗りをしてくれたものです。ポーランドでは一般的に，住宅事情が悪く部屋が狭いので，昼間も使えるソファーベッドが多くなっています。部屋の管理はすべて本人がしています。図4-50は，アメリカ16歳（女）の専有室です。母親は個室を与え，子どもに管理させたいとしていますが，訪問時には子どもが部屋を散らかしたままにしていたので，写真撮影を断られました。そのため写真がありません。

図4-51　専有室　女16歳

図4-52　専有室　女16歳

図4-53　専有室　女16歳

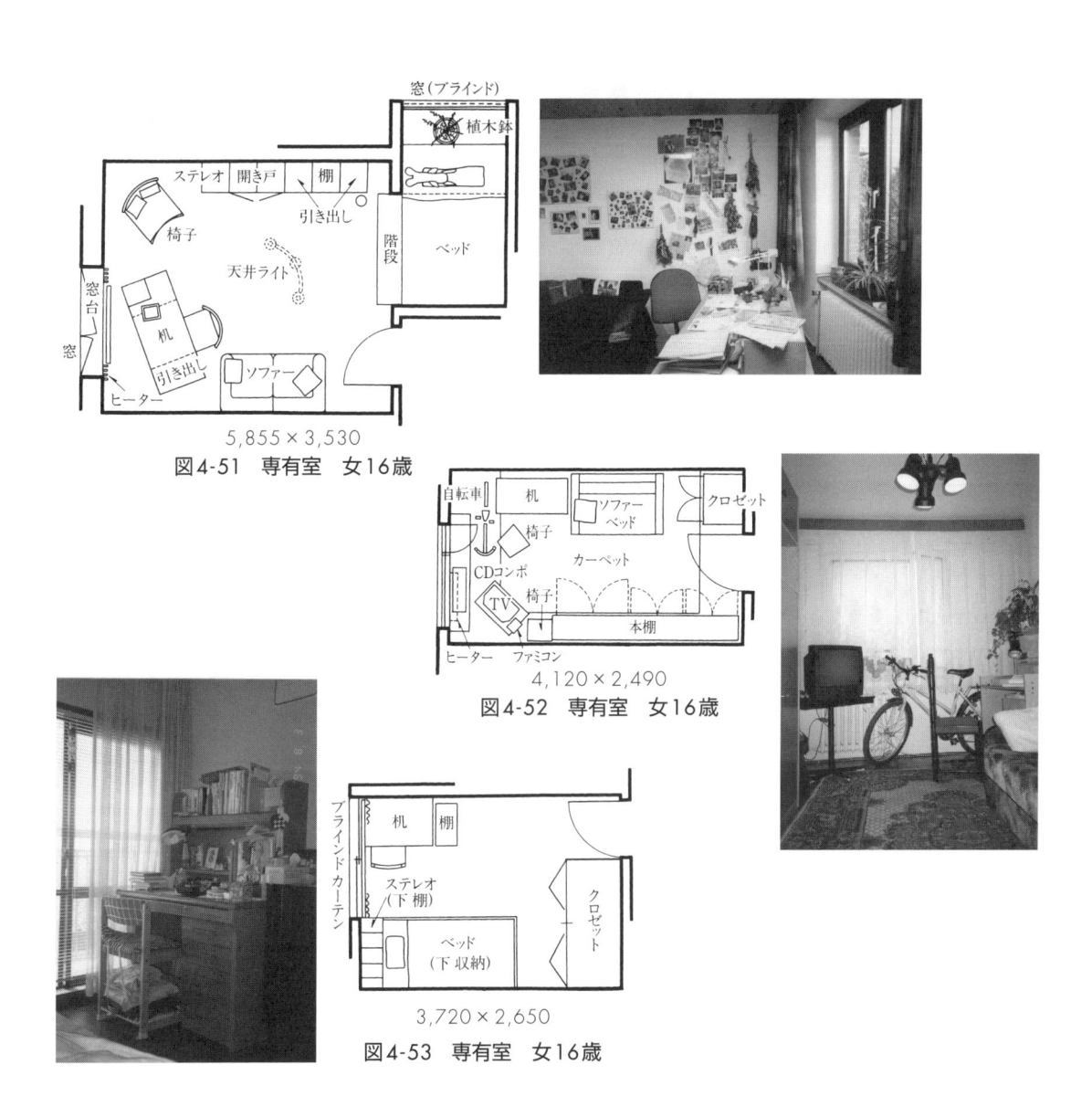

　図4-51は，ドイツ16歳（女）の専有室です。大工の父親が特別に設計して造ってくれた寝室で，図面には載せていませんが，部屋の外側に造付けのクロゼット室が造られていました。本人が部屋の管理をしています。図4-52は，ポーランド16歳（女）の専有室です。父親は運転手，母親は幼稚園の先生でしたが，今は二人とも店員です。親は0歳から個室は必要と考えています。室内にさまざまな物を持ち込んでおり，狭いための工夫として，ソファーベッドと壁一面の棚がどの家でも共通して見られます。図4-53は，日本16歳（女）の専有室です。父親は会社員で母親は専業主婦。兄妹の異性きょうだいですが，幼い時は共用室にしていました。父親とはたまに話す程度。成長に伴い親とともに行動することが減っているといいます。

4　成長段階における子ども部屋の事例研究

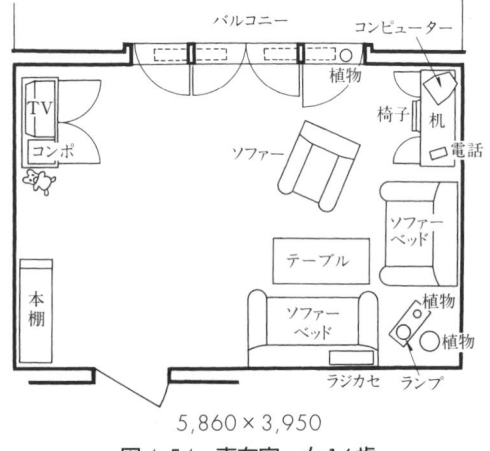

5,860×3,950
図4-54　専有室　女16歳

4,980(4,100)×3,580
図4-55　専有室　女16歳

　図4-54は，ポーランド16歳（女）の専有室です。普段は専有室として使っていますが，別に住んでいる22歳の姉が帰ってきた時には，共有室になります。部屋の管理はすべて本人がしています。父親は電気技師で，母親は事務職，祖母が同居しています。図4-55は，日本16歳（女）の専有室です。弟2人（図4-30，図4-41）の姉弟で，祖父が子ども達の世話をしにきており，部屋の管理は子どもがするのが当然ということになっています。

青 年 期 の 個 室

(4) 青年期の個室(高校生期以降〜) 17歳〜

青年期の事例は7例しかありませんが，すべて専有室(個室)です。年齢が上がるにつれ，室内の設えには，すべて本人の意向が色濃く反映されています。親の干渉はまったくみられず，シンプルで気ままに室内が整えられています。また，親が干渉しないため，室内が乱れっぱなしになっていたものもあります。DIYが日常的に行われている欧米では，この年齢になると，気軽に自分でペンキを塗ったり，部屋を造ったりして模様替えをしているようです。

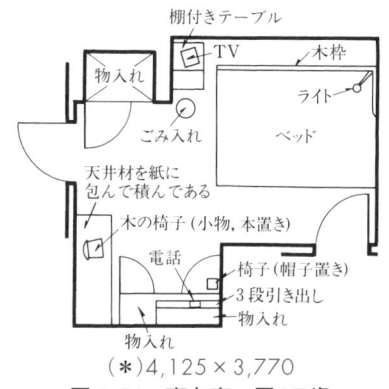

図4-56 専有室 男17歳

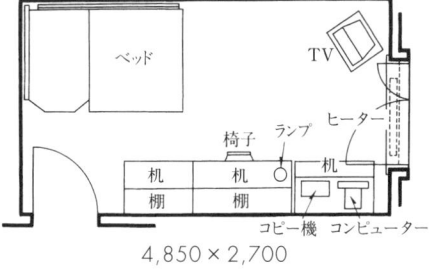

図4-57 専有室 男17歳

図4-56は，アメリカ17歳(男)の専有室です。ベースメントの一部に，高1の青年が自分で造った部屋です。軍隊志願で，軍隊の制服や軍隊関連のものが置いてあります。ベースメントのファミリールームには，子ども達の幼い時の記念に，ベビーベッドやベビーカーが残してありました。離婚して父親はいません。3人兄妹です。図4-57は，ポーランド17歳(男)の専有室です。19歳の兄(図4-60)と2人兄弟。両親はともに電気店を経営しています。子ども寝室の天井高は2.47mあり，電気機器や室内設備も多く，恵まれた室内環境になっています。部屋の掃除や衣類の収納はできておらず，母親に頼っています。

4 成長段階における子ども部屋の事例研究

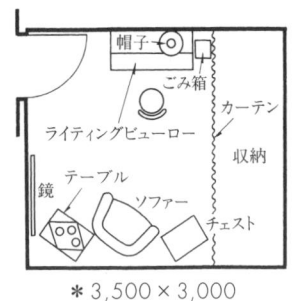

* 3,500 × 3,000
図4-59 専有室 男19歳

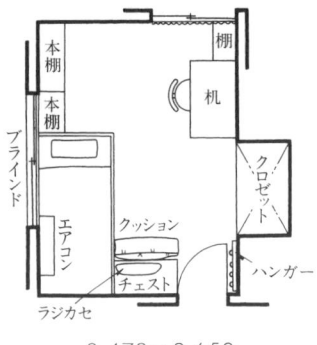

3,470 × 2,650
図4-58 専有室 女17歳

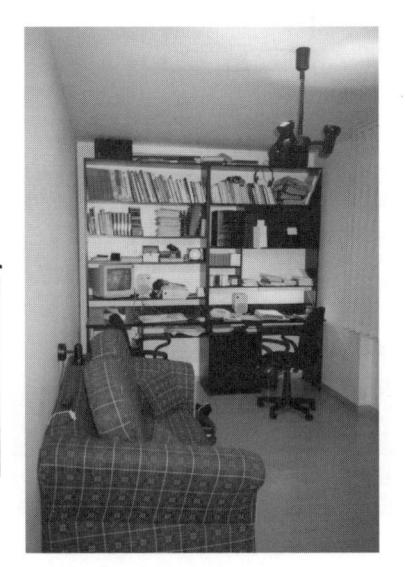

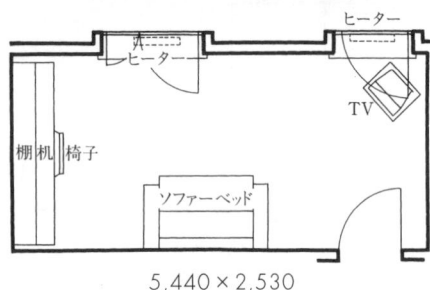

5,440 × 2,530
図4-60 専有室 男19歳

　図4-58は，日本17歳（女）の専有室です。父親は会社員で，母親は専業主婦です。すでに長女と次女は独立しています。子ども部屋の管理は，母親が文句を言いながらすべてしています。**図4-59**は，ベルギー19歳（男）の屋根裏の専有室です。15歳と13歳の弟妹がいます。窓はありませんが，大きなトップライトがあるので明るくなっています。室内は気ままに使われており，部屋の管理はほとんどされていません。**図4-60**は，ポーランド19歳（男）の専有室です。両親が電気店経営で経済的に恵まれています。17歳の弟の部屋は，**図4-57**です。電気機器や壁面いっぱいの棚と，立派なソファーベッドの目立つ寝室があります。彼は洗い物を役割分担として受け持っています。

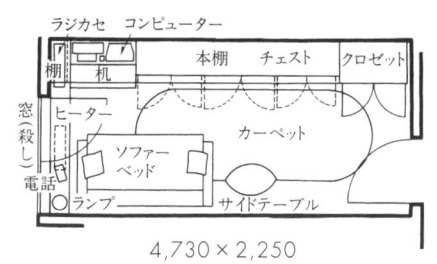

図4-62 専有室　女19歳

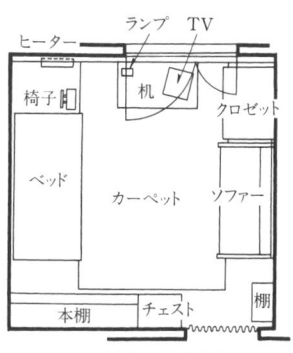

4,730×2,250

図4-61 専有室　男19歳

3,440×3,040

　図4-61は，ポーランド19歳（男）の専有室です。父親は建設会社の社長。扉や棚類は彼が自分でペンキを塗ってデザインしています。ポーランドとしては部屋が広いほうで，ベッドとソファーの両方が置いてあります。図4-62は，ポーランド19歳（女）の専有室です。父親は警備員，母親は事務員です。集合住宅の1室で，ここもソファーベッドと壁一面の造付けの棚で，室内がコンパクトに整理されています。25歳の姉がいますが，普段は一緒に住んでいません。部屋の管理はすべて本人が行っています。

　以上，子ども部屋の平面例を，子どもの成長段階別に4段階に分けてみてきました。その中で最も重要になってくるのが，前半の(1)乳幼児期と，(2)小学生期の，子ども部屋とその使い方です。この時期の子ども部屋の扱いには，親の明確な養育態度を示すことが求められているからです。それは自律に向けて，子どもをどう導くかであり，道具としての子ども部屋の使い方を教えていくことでもあるからです。

　子ども部屋の平面図は，すべて1/100で表していますが，屋根裏部屋が多いため，天井の低い部分まで平面図に含まれて大面積に見えている例が混じっています。面積よりも，部屋の中でどんな行為ができるようになっているか，親の関わり方など，図面を見ながら考えてみて下さい。

5

自律心が芽生える子ども部屋づくり

子どもは，短期間に親の胎内で人間の進化の歴史をたどり，生まれた後は人間の文明の歴史を凝縮して体験しながら成長していく，と言った人がいます。子どもの成長は心身ともに非常に急速で，ともすると親の認識のほうが遅れをとってしまいがちです。そのため，いつまでも子離れできない親が，子どもの発達や自律を妨げて，親離れを困難にしている例をよく見受けます。
　子どもの成長過程における親の役割とは，子どもがひとりで考え，ひとりで行動できるように，いかにして導いていくかということに尽きるのではないでしょうか。そう考えると，子どもの居場所としての子ども部屋は，子どもが生まれた直後から必要になります。

　成長に応じて，子ども部屋を，(1) 0歳～学齢前，(2) 小学生期，(3) 中学生期，(4) 青年期の4期に分けて取り上げてきました。
　親が主体を少しずつ子どもに移しながら，子ども部屋の扱い方を教え導いていくのは，主に(1) 0歳～学齢前，(2) 小学生期，の時期になります。一般的に，(3) 中学生期では，子どもが主になって考え，親はアドバイスする立場になりますが，(4) 青年期になると，もう完全に主体が本人に移ってしまっていると考えられます。
　ここでは，親が主体を少しずつ子どもに移しながら教え導いていく，(1)(2)の幼児～小学生期の子ども部屋づくりについて考えていきたいと思います。

　子ども部屋の大きさや装備を考えるよりも，まず子どもが自主的に部屋を使うように，日頃から親が子ども部屋の使い方を意識し，配慮していることが大切です。子どもの居場所と位置づけて活用させることで，子ども部屋は大きな力を発揮するようになります。
　子どもが使うとともに，親も子どもと話したり，遊んだり，勉強につきあったりして，積極的に子ども部屋を活用しましょう。親子で遊んだり，相談にのったり，家でのルールを決めたり，具体的に子ども部屋の管理のしかたなどを教える場として，フルに使っていくことが大切です。

(1)　親子で，部屋の使い方や家具配置を考える

①子ども部屋の役割は，まず第1に子どもが悲しかったり，腹が立ったり，叱られたりした時，そこで冷静に，ひとりになって考えることができる場所であることです。子どもが自律心を獲得し，自立していくためには，どんなに小さくてもよいので，ひとりになって考えるための場所と，たっぷりの時間が必要なのです。

②子どもが部屋で毎日，どんなこと(生活行為)をするか考えてみましょう。
　それらのことは，部屋のどの場所でするかを考えておきましょう。
例えば，

1) 寝る・着替える・身仕度する
2) 考えごとをしたり，空想したりする
3) 腹が立ったとき閉じ込もる
4) 大切な物をしまう
5) 勉強する・手紙や日記を書く・本を読む
6) ポスターなどを飾る
7) 遊ぶ・ゲームをする
8) 漫画雑誌を読む・ラジオや音楽を聞く
9) 体操をする・歌を歌う・寝ころぶ・昼寝をする
10) 電話をかける

③子ども部屋の平面図の中に，必要な家具や持ち物などをどのように配置すればいいか，親子で話し合って記入してみましょう。窓や出入口の位置，壁の位置，設備などとの関係を考えながら決めていきましょう。
1) 寝る場所は，寝具類の収納の位置は。
2) 勉強机は，本棚やランドセルはどこに置くか。
3) 衣類の収納の位置は。
4) 楽器やスポーツ用品，玩具類，趣味の用品はどこに置くか。

④親は子ども部屋で，子どもと，どんなコミュニケーションをしようと思っていますか？
いつ，何のために，どんなことを？ 母親は？ 父親は？
例えば，
1) 毎日，子どもが学校から帰宅後，子ども部屋で宿題を見てやる。その時，学校の出来事や友達の話などを聞いてコミュニケーションをはかる。
2) 就寝前に毎晩，本を読んでやるために子ども部屋にいった時，学校のことなどを話す。
3) 夕食後，週に2～3回，子ども部屋に集まって親子で遊んだり，楽器を弾いたりする。
4) 毎週土曜日に，親子で掃除や衣類の収納，寝具の整理などを一緒にして，教えながら，学校の話などを聞く。

⑤短くても，両親別々の時間でもいいので，1日に1度は必ず両親がそれぞれ子ども部屋に入って子どもと顔を合わせ，子ども部屋の様子を知っておくことも大切です。
例えば，
・父親は毎日，子どもの就寝後に帰宅するが，朝は子ども部屋に入って，必ず子どもに声をかけて起こしてやるなど。

(2) 子ども部屋の管理を子どもにさせる

　子どもの自律を促すためには，幼くても一人前の人格をもつ人間として，子どものプライバシーを尊重した扱い方をすることが大切です。

①子ども部屋の扉の開閉のルールを家族で話し合いましょう。
　原則として部屋の扉は開けておきますが，誰にも入って来てほしくない時には，その合図として扉を閉めるなど，ルールを考えておきましょう（プライバシー以外にも，騒音や冷暖房の都合で，部屋の扉の開閉がされているといった現状もあります）。
②部屋の入室時には，必ず合図（ノック）するという部屋の使い方の原則を，幼時から子どもに教えるとともに，大人も守りましょう。
③子ども部屋の家具配置を，子どもと一緒に考えて決めましょう。
④子ども部屋の壁の色や模様を，子どもと一緒に決めましょう。
⑤子ども部屋のクロゼットへの衣類の収納方法を教えて，収納させましょう。
⑥子ども部屋の壁に，子どもの好きな絵やポスターなどを貼らせましょう。
⑦こども部屋の掃除のしかたを教えてさせましょう。
⑧子ども部屋の寝具の整理やベッドメーキングのしかたを教えてさせましょう。

　また，子ども部屋の管理を子ども自身の手で決定できるようにしてやることが重要です。子ども部屋の管理には，③④⑥などのように，子どもの権利的側面をもつものと，⑤⑦⑧の義務的側面をもつものに分かれますが，いずれも子どもの手で行わせることが大切です。
　これらについて，それぞれどのようなやり方でやっていくかを具体的に親子で話し合い，取り決めておきましょう。管理のしかたの難しいものについては，親子で一緒にやって見本を示しながら教えていきましょう。それも貴重な親子のコミュニケーションです。

(3) 子ども部屋の1日の使い方を時系列で考えてみる

①朝起きてから夜寝るまでの1日の時間表をつくり，子ども部屋ですることをその時間表に書いてみましょう。
②月曜日〜日曜日までの1週間の予定表もつくってみましょう。
・子どもが掃除や片付け，寝具の整理などをする時間を決めて予定表に書き込みます。
・部屋の使い方がある程度決まってしまえば，日常的な予定表はわざわざ作る必要がなくなるでしょう。特別な予定だけを書き込むだけでよくなります。
③子どもが子ども部屋を1ヵ月間使ってみて，不便なところや，使いにくい

と思ったところがあれば,もう一度,親子でその原因を考えて,修正してみましょう。

　子どもが毎日,主体的に子ども部屋の使い方に関われるようにすることが,自律心を育てる第一歩となります。そのためには,幼時から子どもにつねに考えさせ,子どもの意志を尊重しながら,共に考えていくといった親の姿勢が大切です。

[3章] 引用文献リスト (初版出版国, 初版出版年)

図3.1	あたらしいおふとん, Ann Joans, 角野栄子訳, あかね書房, 1992 (米, 1984)
図3.2	ケニーのまど, Maurice Sendak, 神宮輝夫訳, 冨山房, 1975 (米, 1956)
図3.3	おふろばをそらいろにぬりたいな, Ruth Krauss・Maurice Sendak, 大岡信訳, 岩波書店, 1979 (米, 1956)
図3.4	やねうら, Hiawyn Oram, きたむらさとし訳, 評論社, 1996 (英, 1984)
図3.5	あと10ぷんでねるじかん, Peggy Rathmann, ひがしはるみ訳, 徳間書店, 1999 (米, 1998)
図3.6	ぜったいぜったいねるもんか, Mara Bergman・Nick Maland, 大澤晶訳, ほるぷ出版, 2007 (英, 2007)
図3.7	トイレさくせん, うめだよしこ・うめだゆみ, 新日本出版社, 2006
図3.8	おふろだいすき, 松岡享子・林明子, 福音館, 1982
図3.9	おふろ, 出久根育, 学習研究社, 2007
図3.10	おじいちゃんちでおとまり, なかがわちひろ, ポプラ社, 2006
図3.11	へんてこりんなおるすばん, 角野栄子・かわかみたかこ, 教育画劇, 2006
図3.12	おかえりたまご, ひろまつゆきこ・しまだしほ, アリス館, 2008
図3.13	おおきなきがほしい, 佐藤さとる・村上勉, 偕成社, 1971
図3.14	ミュのいえ, あまんきみこ・鈴木まもる, フレーベル館, 1989
図3.15	リコちゃんのおうち, さかいこまこ, 偕成社, 1998
図3.16	ビロードのうさぎ, マージェリィ・W・ビアンコ, 酒井駒子訳, ブロンズ新社, 2007 (米, 1922)
図3.17	あなただけのちいさないえ, Beatrice Schenk de Regniers・Irene Haas, ほしかわなつよ訳, 童話館出版, 2001 (米, 1954)
図3.18	テーブルのした, Marisabina Russo, 青木久子訳, 徳間書店, 1998 (米, 1997)
図3.19	はいっちゃだめ, Michael Rosen・Bob Graham, 掛川恭子訳, 岩波書店, 1997 (英, 1996)
図3.20	かいじゅうたちのいるところ, Maurice Sendak, 神宮輝夫訳, 冨山房, 1975 (米, 1963)
図3.21	ぼくはおこった, Hiawyn Oram・きたむらさとし, きたむらさとし訳, 評論社, 1996 (英, 1982)
図3.22	ナイトシミー, Gwen Strauss・Anthony Browne, 灰島かり訳, 平凡社, 2002 (英, 1991)
図3.23	うちがいっけんあったとさ, Ruth Krauss・Maurice Sendak, わたなべしげお訳, 岩波書店, 1978 (米, 1953)
図3.24	あかりをけして, Arthur Geisert, 久美沙織訳, BL出版株式会社, 2006 (米, 2005)
図3.25	おやすみなさいのほん, Margaret Wise Brown・Jean Charlot, いしいももこ訳, 福音館, 1962 (米, 1943) ねどこどこかな, Judy Hindley・Tor Freeman, 谷川俊太郎・覚和歌子訳, 小学館, 2006 (英, 2006) おやすみくまくん, Quint Buchholz, 石川素子訳, 徳間書店, 1994 (スイス, 1993)
図3.26	おやすみなさいおつきさま, Margaret Brown・Clement Hurd, せたていじ訳, 評論社, 1979 (英, 1947)
図3.27	メイシーちゃんベッドにはいります, Lucy Cousins, 五味太郎訳, 偕成社, 1991 (英, 1990)
図3.28	ねむいねむいおはなし, Uri Shulevitz, さくまゆみこ訳, あすなろ書房, 2006 (米, 2006)
図3.29	Papa!パパーッ!, Philippe Corentin, 薫くみこ訳, ポプラ社, 2002 (仏, 1995)
図3.30	ねんねだよちびかいじゅう!, Mario Ramos, 原光枝訳, 平凡社, 2003 (仏, 1996)
図3.31	ねむれないのほんとだよ, Gabriela Keselman・Noemi Villamuza, 角野栄子訳, 岩波書店, 2007 (スペイン, 2001)
図3.32	おやすみなさいフランシス, Russell Hoban・Garth Williams, まつおかきょうこ訳, 福音館, 1966 (米, 1960)
図3.33	おやすみおやすみぐっすりおやすみ, Marisabina Russo, みらいなな訳, 童話屋, 2007 (米, 2007)
図3.34	ベッドのしたになにがいる, James Stevenson, つばきはらななこ訳, 童話館出版, 2007 (米, 1983)
図3.35	わたしのおうち, 神沢利子・山脇百合子, あかね書房, 1982

図3.36　たろうのひっこし，村山桂子・堀内誠一，福音館，1983
図3.37　はっぱのおうち，征矢清さく・林明子，福音館，1989
図3.38　がんばれねずみのおともだち，淺野ななみ・中村景児，金の星社，1992
図3.39　パオちゃんのなかよしハウス，なかがわみちこ，PHP研究所，1995
図3.40　ティモシーとサラときのおうち，芭蕉みどり，ポプラ社，1997
図3.41　プールーとセバスティアン，Rene Escudie'・Ulises Wensell，末松氷海子訳，セーラー出版，1990（仏，1987）
図3.42　おとなりさん，M.B.Goffstein，谷川俊太郎訳，G.C.PRESS，1989（米，1979）
図3.43　ないしょのおともだち，Beverly Donofrio・Barbara McClintock，福本有美子訳，ほるぷ出版，2009（米，2007）
図3.44　マメンチザウルスはわたしんち，船崎克彦・スズキコージ，くもん出版，1991
図3.45　ルピナスさん，Barbara Cooney Porter，掛川恭子訳，ほるぷ出版，1987（米，1982）
図3.46　こころの花たば，城谷英男，PHP研究所，1998
図3.47　ゴールディーのお人形，M.B.Goffstein，末盛千枝子訳，すえもりブックス，2003（スイス，1969）
図3.48　せかいでいちばんつよい国，David McKee，なかがわちひろ訳，光村教育図書，2005（英，2004）
図3.49　カールじいさんの空飛ぶ家，森はるな，講談社，2009（米，2009）
図3.50　あたらしいともだち，Tomi Ungerer，若松宣子訳，あすなろ書房，2008（スイス，2007）

註記

1) Laurence E'gill；Child's Room , le cherche midi 2002, －history, anecdotes, decoration, funiture and pratical tips －, Translated by Robert Olorenshaw in English.
2) 太田博太郎『住宅近代史』雄山閣，1969
3) 東京都調査『子どもの生活圏』中流階層の青少年問題－いわゆる中流青少年非行への1つのアプローチ，NHKブックス86，日本放送出版協会，1969
4) 羽仁説子編，日本子どもを守る会『子ども白書80'』pp.204-205，草土文化，1980.7
5) 住まい文化キャンペーン推進委員会「住まい文化に関する基本調査」住宅産業情報サービス，1983
6) 松田妙子『巣み家－住まいが人をつくる』松下電工，1983
7) 宮脇檀『新.3LDKの家族学－子どもに個室はいらない』三笠書房，1982
8) 北浦かほる，加納知代子，河合邦子，堀田由美，山本聡美：成長過程において個室の専有度が子どもの自律に及ぼす影響，大阪市立大学生活科学部紀要第33巻，1985
9) 北浦かほる：子どもの個室保有が自律の発達と家族生活に及ぼす影響(1)日米比較研究の予備的研究，住宅総合研究財団，丸善，1989
10) Kahoru Kitaura, Roger A Hart & Marilyn Schlief；"The Infulence of Child's Private Space on The Deveropment of Child's Independence and Family Life (2) A Japan- US, Cross-Cultural Study", Housing Research Fundation. 1990
11) 北浦かほる，Marilyn Schlief：子どもに関わる空間の扱いと意図－追補・子ども室の日米比較研究，大阪市立大学生活科学部紀要第38巻，1990
12) 北浦かほる：子どもの個室保有が自律の発達と家族生活に及ぼす影響(2)日米比較研究，住宅総合研究財団，丸善，1995
13) 北浦かほる：ベルギー・ドイツにおける子ども部屋の構成，住まいと電化，第9巻第7号，1997
14) 北浦かほる：ベルギー・ドイツにおける子ども部屋の管理，住まいと電化，第9巻第8号，1997
15) 野垣真弓，北浦かほる：文化的視座にみるポーランドの子ども室の研究，日本建築学会近畿支部研究報告集，1999
16) 金勇成，北浦かほる：中国における子ども部屋成立に関する研究－中国東部ハルビン市，日本建築学会近畿支部研究報告集，2000
17) 北浦かほる『世界の子ども部屋－子どもの自立と空間の役割』井上書院，2004
18) 柏木恵子『子どもの自己の発達』東京大学出版会，1985
19) 小林秀樹『居場所としての住まい』新曜社，2013
20) 根ケ山光一『〈子別れ〉としての子育て』NHKブックス1056，日本放送出版協会，2006
21) Maxine Wolf, Robert S. Laufer：The Concept of Privacy in Childhood and Adolescence, Man-environment interactions, Evaluations and applications (Part2) (EDRA V), Stroudsberg, Pa；Dowden. Hutchinson & Ross, 1975
22) Maxine Wolf, Mary Schearer and Robert S. Laufer：Private Places, －The Concept of Privacy in Childhood and Adolescence－, Environmental Dedign Research Association Meetings, Vancouver, British Columbia, May 1976
23) Maxine Wolf：Childhood and Privacy, Human Behavior and Environment V, Ⅲ. Children and Environment, N.Y.：Plenum Press, 1978
24) Leanne G. Rivlin, Maxine Wolf：The Environments in Childrens' Lives, City University of New York.
25) 北浦かほる，萩原美智子，若井富美代：子どものプライベートプレイスに関する研究(その1)～(その3)，日本建築学会学術講演梗概集，1991
26) 池田謙一『社会の理論と科学とモデル』東京大学出版会，2000
27) 藤野淳子，北浦かほる：親子のコミュニケーションからみた家族室の役割に関する研究－小学生と高校生における子どもの成長による分析－，日本建築学会計画系論文集，第602号，1-6，2006
28) Super, C.M., & Harkness, S.；The development niche：A conceptualization at the interface of child and culture.：

International Journal of Behavioral Development, 9, 1986
29) 柏木恵子，北山忍，東洋編『文化心理学』理論と実践－親子関係と自立(根ヶ山光一)，pp.160-179，東京大学出版会，1997
30) 北浦かほる，宮崎育子，藤野淳子：住まいの絵本にみる子どもへの住情報の分析－子どもと住文化に関する研究(1)，日本建築学会計画系論文集，第606号，1-7，2006
31) 北浦かほる：日本と欧米の子ども部屋事情「すくすく子育て」2006年6号，NHK放送出版協会，2006
32) 北浦かほる：自立と信頼関係を育む住空間「児童心理」NO862，金子書房，2007
33) 北浦かほる：養育態度を実現する道具としての住空間「CS研レポート」VOL.61，教科教育研究所，啓林館，course of study，2008
34) 北浦かほる：子ども部屋再考「児童心理」NO875，金子書房，2008
35) 北浦かほる，藤野淳子：住まいの絵本にみる日本と欧米の住の思潮とインテリア表現－子どもと住文化に関する研究(2)－，日本建築学会計画系論文集，第625号，pp.495-501，2008
36) 北浦かほる，藤野淳子：住まいの絵本にみるグローバル化する住の思潮と受けつがれていく住の思潮－子どもと住文化に関する研究(3)－，日本建築学会計画系論文集，第663号，pp.911-919，2011
37) 北浦かほる：住まいの絵本にみるグローバル化する家族と個人空間，日本家政学会家族関係学第30号，pp.55-65，2011
38) 北浦かほる：自立の芽を育てる子ども部屋「PHPのびのび子育て」PHP研究所，2012

●著者略歴

北浦かほる（きたうら・かほる）
大阪市立大学卒業後，倉敷建築研究所（現・浦辺設計）を経て
大阪市立大学大学院教授。帝塚山大学教授を経て
現在，大阪市立大学名誉教授。学術博士。NPO法人子どもと住文化研究センター理事長。
専門分野は居住空間デザイン学および環境心理学。

主著書に『世界の子ども部屋』井上書院，『インテリアの地震対策』リバティ書房
『台所空間学事典−女性たちが手にしてきた台所とそのゆくえ』『インテリアの発想』彰国社
『子どもの個室保有が自立の発達と家族生活に及ぼす影響Ⅰ・Ⅱ』丸善

主共著書に『インテリアデザイン教科書第2版』彰国社，『住まいの事典』朝倉書店
『サスティナブル社会の住まいと暮らし』理工学社

住まいの絵本にみる子ども部屋 自律をうながす空間の使い方
2014年4月15日　第1版第1刷発行

著　者Ⓒ　北浦かほる
発行者　　関谷　勉
発行所　　株式会社 井上書院
　　　　　東京都文京区湯島2-17-15　斎藤ビル
　　　　　電話(03)5689-5481　FAX(03)5689-5483
　　　　　http://www.inoueshoin.co.jp/
　　　　　振替00110-2-100535
装　幀　　高橋揚一
印刷所　　美研プリンティング株式会社
製本所　　誠製本株式会社

・本書の複製権・翻訳権・上映権・譲渡権・公衆送信権（送信可能化権を含む）は株式会社井上書院が保有します。
・JCOPY〈(社)出版者著作権管理機構 委託出版物〉
本書の無断複写は著作権法上での例外を除き禁じられています。複写される場合は，そのつど事前に，(社)出版者著作権管理機構（電話03-3513-6969，FAX03-3513-6979，e-mail：info@jcopy.or.jp）の許諾を得てください。

ISBN978-4-7530-1712-6　C3037　　　Printed in Japan

出版案内

世界の子ども部屋　子どもの自立と空間の役割

北浦かほる　B5変・100頁　本体1800円

アメリカ，ベルギー，ドイツ，ポーランド，中国，日本の子ども部屋について，家族関係，生活環境，子ども部屋の大きさ・構成，用途等の各面から，写真を中心に比較・分析。文化の違いが子どもの自立や空間形成にどのように影響しているかを考察する。

空間デザイン事典

日本建築学会編　A5変・228頁（オールカラー）　本体3000円

立てる，覆う，囲う，積む，つなぐ，浮かす，自然を取り込むなど，空間を形づくる20の概念を軸に整理した98のデザイン手法について，カラー写真で例示した建築・都市空間を手がかりに解説。収録事例は古代建築から現代建築まで世界各国700点に及ぶ。

建築・都市計画のための 空間学事典 [改訂版]

日本建築学会編　A5変・296頁（二色刷）　本体3500円

建築および都市計画に関する重要なキーワード246用語をテーマごとに収録し，最新の研究内容や活用事例を踏まえながら解説した，計画・設計や空間研究に役立つ用語事典。巻末にはテーマごとの参考文献リストやキーワード索引を設けて検索の便宜を図った。

建築・都市計画のための 調査・分析方法 [改訂版]

日本建築学会編　B5・272頁　本体3800円

建築・都市計画に際して重要な調査・分析方法について，研究の広がり・多様化に即して新しい知見や方法をふまえて分類・整理し，概要から適用の仕方まで，実務や研究に活かせるよう多数の研究事例・応用例を挙げてわかりやすくまとめた解説書。

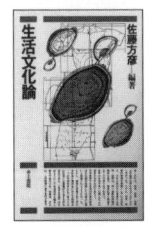

生活文化論

佐藤方彦編　B6変・294頁　本体2100円

近年，われわれを取り巻く生活環境を単に科学技術的な観点からだけでなく，文化として捉らえる動きがでてきている。そこで本書は，従来の衣・食・住といった範疇に留まらず，広く生活文化とは何かを各関連諸領域から探り，その本質を解明していく。

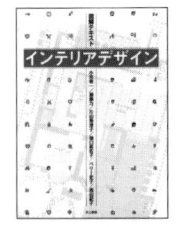

図解テキスト インテリアデザイン

小宮容一・加藤力・片山勢津子ほか　B5変・152頁　本体3000円

デザイン計画の基礎をはじめ，インテリアの表現・演出にかかわるインテリアスタイル，ウインドートリートメント，ライティング，マテリアル，色彩，さらには新しいデザインの手法まで，初学者を対象にインテリアデザインの基礎を徹底的に図解する。

＊上記の本体価格に，別途消費税が加算されます。